Copyright © 2012
Odé Kileuy & Vera de Oxaguiã

Editoras
Cristina Fernandes Warth
Mariana Warth

Coordenação editorial
Raphael Vidal

Coordenação gráfica e diagramação
Aron Balmas

Capa
Luis Saguar e Rose Araujo

Este livro segue as novas regras do Acordo Ortográfico da Língua Portuguesa.

Todos os direitos reservados à Pallas Editora e Distribuidora Ltda.
É vetada a reprodução por qualquer meio mecânico, eletrônico, xerográfico etc.,
sem a permissão por escrito da editora, de parte ou totalidade do material escrito.

CIP-BRASIL. CATALOGAÇÃO-NA-FONTE
SINDICATO NACIONAL DOS EDITORES DE LIVROS, RJ

M414v

Maurício, George
 Vodum sorroquê (xoroquê) : o poderoso guardião / Odé Kileuy & Vera de Oxaguiã ; organizador Marcelo Barros. - Rio de Janeiro : Pallas, 2012.
 104p.

 ISBN 978-85-347-0487-8

 1. Candomblé. I. Oxaguiã, Vera de. II. Barros, Marcelo. II. Título.

12-3514.   CDD: 299.67
                                             CDU: 299.67

Pallas Editora e Distribuidora Ltda.
Rua Frederico de Albuquerque, 56 – Higienópolis
CEP 21050-840 – Rio de Janeiro – RJ
Tel./fax: 21 2270-0186
www.pallaseditora.com.br
pallas@pallaseditora.com.br

ODÉ KILEUY & VERA DE OXAGUIÃ

VODUM SORROQUÊ
(XOROQUÊ)

O "PODEROSO GUARDIÃO"

RIO DE JANEIRO, 2012.

Dedicamos esta obra,
in memorian (16/11/1958–01/9/2012),
ao *òmó Odé* Eglir da Silva, companheiro e amigo
do babalorixá Odé Kileuy e de todos
os filhos e integrantes do Axé Kavok.

Saudade!

Legba ê legbáio ripó
Legba ê legbáio ripó
si barrama legbáio majoquê
ô Sorroquê vodum ô ô paô!

Vodum Sorroquê,
balé oku aló

Sumário

Nossas Raízes, 9

Informações Importantes para Você!, 13

Introdução, 19

Um minuto de atenção!, 23

CAPÍTULO 1 — Quem é Sorroquê (*Sòhòkwè*)?, 25

A personificação de um grande guerreiro, 27
O vodum da riqueza, 31
A personalidade irada de Sorroquê também traz ajuda, 33
Pedindo a ajuda de Sorroquê, 34
Sorroquê e a natureza, que lhe pede socorro, 35
Sorroquê, "senhor da magia", 36
Ligação com os elementos dinâmicos e sagrados, 38
Criado para trazer controvérsias, 39

CAPÍTULO 2 — Nação Fon, 41

Como proceder se Sorroquê aparecer
   como "dono de cabeça" (*tá*), na nação fon?, 49
Assentamento de Sorroquê para uma casa
   de candomblé fon nos dias atuais, 51

CAPÍTULO 3 — Nação Iorubá, 55

CAPÍTULO 4 — Árvores, Folhas e Frutas, 61

CAPÍTULO 5 — Comidas e Bebidas, 65

CAPÍTULO 6 — Animais, 71

CAPÍTULO 7 — Sorroquê tem ligações importantes com divindades poderosas, 75

CAPÍTULO 8 — Ebós, 81

Observações importantes, 83
Leia com atenção, 84
Para abertura (ou limpeza) de uma casa de candomblé, 85
Presente para Aizan, 87
Ebós para variadas situações, 89

CAPÍTULO 9 — Banhos Poderosos, 105

CAPÍTULO 10 — Defumadores, 111

CAPÍTULO 11 — Personalidade das pessoas regidas por Sorroquê, 117

CAPÍTULO 12 — Personalidade das casas que possuem o palábo-quê de Sorroquê, 121

CAPÍTULO 13 — Lendas, 125

Pequeno glossário, 129

Nossas Raízes

A nossa linhagem religiosa teve início quando da chegada ao Brasil de Gaiaku Rosena, vinda de Aladá, no Dahomé (atual Benim), diretamente para o Rio de Janeiro.

Esta senhora fundou no Rio a primeira casa de candomblé fon da cidade, o *Kwe Podabá*. Neste axé, Gaiaku fez a iniciação de poucas pessoas, entre elas a sr.ª Adelaide do Espírito Santo, mais conhecida como Mejitó, que era consagrada à *Vodum Ijó*, o vodum dos ventos.

É reconhecido que foi Mejitó quem confirmou a primeira equéde no Rio de Janeiro, a sr.ª Maria Adamastor, e dentre os iniciados por esta Doné está a sr.ª Glorinha, de Azirí, conhecida como "Toqueno", e que é a atual representante e herdeira do *Kwe Podabá*,

Mejitó iniciou também a sr.ª Natalina, de Azirí, a quem mais tarde ajudou a fundar a sua casa de candomblé, denominada *Kwe Sinfá* ("Casa das Águas de Fá"), que era localizada na Rua Ana, em Agostinho Porto, São João de Meriti, RJ.

Em sua trajetória religiosa, d.ª Natalina iniciou algumas pessoas, entre as quais podemos citar Sônia, de Lissá; Rui, de Lissá; Neusa, de Soboadã; Helena, de Dan, e outros.

Embora pertencendo à nação fon, d.ª Natalina era muito bem relacionada, muito querida e conceituada por algumas casas de candomblé da nação iorubá, e passou assim a ser conhecida também como "Natalina de Oxum".

Após a morte de mãe Natalina, outras grandes mulheres assumiram a Casa, tendo todas, porém, falecido antes de iniciar qualquer tipo de liturgia. Com o passar do tempo, seus familiares decidiram vender a propriedade.

Após a venda, d.ª Bida, do Axé de Muritiba (Salvador, BA), filha-de-santo do finado seu Nezinho da Muritiba, muito amiga de mãe Natalina, por meio da consulta ao jogo de búzios, e seguindo a determinação de Fá, entregou o Axé Kwe Sinfá e os pertences sagrados à Helena, de Dan, para que o Axé não se perdesse e pudesse ter uma continuidade.

Esta cerimônia ocorreu na presença de grandes autoridades do candomblé, como mãe Teté, do Engenho Velho; d.ª Miana; mãe Toqueno; a sr.ª Mimi; alguns integrantes do Parque Santana e também do Parque Araruama, e várias outras personalidades da religião.

Inicialmente, este Axé foi levado para um sítio em Cabuçu, Nova Iguaçu, RJ, onde não permaneceu por muito tempo. A seguir, e até os dias atuais, o *Kwe Sinfá* encontra-se em poder de Helena, de Dan, no bairro Parque Paulista, em Santa Cruz da Serra, no Rio de Janeiro.

Com a morte de iyá Natalina, Helena deu continuidade de suas obrigações temporais com mãe Toqueno.

O sr. Rui, de Lissá, foi o primeiro filho de mãe Natalina a abrir sua própria roça, onde fez várias iniciações. Entre seus filhos-de-santo estava *Odé Cialê*, que, por evolução natural do candomblé, fundou seu terreiro em Vila Rosário, Caxias, RJ.

Neste local, Odé Cialê, com a ajuda de seu babalorixá Rui, fez a iniciação de George Maurício, que depois passou a morar com a família de Odé Cialê no Bairro de Fátima, Centro do Rio de Janeiro. Posteriormente, ainda muito jovem, George Maurício (Odé Kileuy) ficou residindo durante muitos anos no terreiro, onde adquiriu bons conhecimentos do candomblé na labuta do dia a dia, e onde também realizou algumas obrigações temporais.

Depois de um tempo, o sr. Rui decidiu levar a sua casa de candomblé para a cidade-satélite de Taguatinga, em Brasília. E passou a vir esporadicamente ao Rio de Janeiro para fazer obrigações nos seus filhos-de-santo que já tinham seu próprio terreiro aberto.

Rui, de Oxaguiã, morreu no dia 16 de março de 2007, em Brasília, deixando muitos filhos iniciados.

Após um certo período, Odé Kileuy complementou sua parte religiosa com a sacerdotisa Iyá Ominibu, sr.ª Lourdes, em Nilópolis, no RJ, e onde encontra-se até os dias atuais. Iyá Ominibu foi iniciada por Mãe Tança, do *Axé Poegí*. Este axé é conhecido popularmente como "Corcunda de Yayá", tendo sido fundado por Gaiaku Satu.

Após tantos percalços, Odé Kileuy considera que foi a sua ialorixá Ominibu quem conseguiu ensinar a ele como traçar uma diretriz em sua vida religiosa, e quem lhe mostrou um caminho mais linear, sem tanta dependência. Tudo deu tão certo, que ele procura seguir, até os dias atuais, a "cartilha" de sua ialorixá!

Odé Kileuy está sempre disposto a ensinar, a ajudar, mas também a escutar e a receber novos ensinamentos, novas informações, tanto para a sua evolução cultural quanto para a parte religiosa. Todo conselho e conhecimentos são sempre bem aceitos, pois ele se diz um "carente de saber"!

Odé Kileuy é o patriarca do Axé KAVOK e tem sua casa de candomblé situada no bairro de Edson Passos, no Rio de Janeiro, desde o ano de 1982. Nesta casa de candomblé, da nação nagô-vodum, são cultuados e tratados tanto os orixás como os voduns, sempre respeitando-se as liturgias diferenciadas de cada nação.

Neste axé, Odé Kileuy iniciou várias pessoas. Entre elas Vera, de Oxaguiã, autora juntamente com ele deste livro, e também o ogã Marcelo Barros, de Obatalá, organizador desta obra.

Vera, de Oxaguiã, está no Axé Kavok desde 1980, tendo sido iniciada em 13 de junho de 1982. É atualmente a mãe-pequena do Axé, designada pelo orixá Odé, em 2007. Juntos, Vera e o babalorixá Odé Kileuy já escreveram cinco obras de grande sucesso editorial, desde 1994.

Marcelo Barros, Babá Otum do Axé Kavok, foi iniciado por Odé Kileuy aos 10 anos, em 1985.

Se, nos dias atuais, George Maurício tem um reconhecimento dentro da religião, agradece a ajuda e a orientação que lhe deram o sr. Rui e Odé Cialê. Mas é também muito grato a várias pessoas amigas, algumas até mesmo pertencentes a outras nações, e que sempre estiveram prontas a ajudá-lo, quando solicitadas.

Porém, primordialmente, tem seu nome gravado nas tradições do candomblé graças ao próprio esforço em aprender cada vez mais e procurando aprimorar-se continuamente, pois, como ele mesmo diz, "o candomblé é um aprender sem fim".

Desta forma, ele está ajudando a levantar cada vez mais alta a "bandeira" da religião.

Informações importantes para você!

Falar sobre Xoroquê é realmente difícil e delicado! A começar pelo seu nome!

O nome que as pessoas lhe dão é independente, mas como esta obra está direcionada a situar esta divindade no candomblé fon (jeje), vamos usar, a partir de agora, o seu nome correto dentro desta nação – *Sòhòkwè* – Sorroquê (pronuncia-se como se houvesse trema na sílaba final – que. Como exemplo, a palavra consequência.) Em respeito a um nome tão poderoso, muitos preferem chamá-lo ainda de Igô, Hujabu, Jabu e outros ainda o chamam de Xorroquê.

Pelo idioma fon, alguns autores traduzem o fonema *sòhò* (sorrô), com o significado de guardião, e *kwe* (quê, com o som de trema na vogal *u*), nos remetendo à casa, moradia. Sendo assim, esta tradução eleva Sorroquê à condição de "guardião, defensor, protetor da casa de candomblé".

Com este livro vamos tentar esclarecer uma situação criada há vários anos com o nome Xoroquê, popularizado amplamente dentro do candomblé da nação iorubá, e também em outros segmentos religiosos afro-brasileiros.

E muitos foram os motivos para que o nome Sorroquê se transformasse em Xoroquê.

No Brasil, no período escravagista, pessoas das mais variadas regiões e nações africanas eram obrigadas a conviver juntas dentro das senzalas. Esta aproximação, com certeza, provocou e produziu fusões, e até mesmo modificações, causadas pela enorme diversidade das etnias, pelo desencontro de idiomas, pela mistura de cultos, pelas diferenças de pensamentos etc. Estes e outros detalhes provavelmente ajudaram na transmutação do nome deste vodum.

Por outro lado, havia também a falta de conhecimentos e de informações mais consistentes para os jovens. Em contrapartida havia o desejo dos anciãos de resguardarem os segredos de suas nações. Houve então um embate, onde todos saíram perdendo. Os conhecimentos confinaram-se, permanecendo em poder de poucos.

Assim, muitos saberes sobre Sorroquê ficaram ocultos por anos, outros perderam-se no tempo e imensos conhecimentos foram levados para o túmulo por muitos de nossos antepassados. Os sacerdotes mais antigos do candomblé costumam dizer que os grandes conhecedores desta divindade na África foram trazidos para o Brasil como escravos. Porém, poucos decidiram dividir e expandir o seu saber ao aqui chegar.

Teriam eles medo de falar desta divindade? Seriam poucos os que se interessavam em aprender? Talvez alguns não soubessem como transmitir, outros talvez aguardassem o momento certo para ensinar. Ou existia, realmente, falta de informações consistentes sobre Sorroquê? Nunca iremos saber!

Atualmente, talvez muitas pessoas tenham o saber sobre este vodum, mas mesmo vendo os estragos que este segredo provoca ainda assim preferem não passá-lo. Muitas calam-se, quando consultadas. E o candomblé vai perdendo a sua essência, a sua fundamentação, e também parte da sua cultura.

Para nós, autores, achamos gratificante e importante quando entregamos uma obra aos nossos leitores, pois agindo assim estamos na certeza de que o nosso saber estará se expandindo, e que, como muitos outros conhecimentos, estes não se perderão após a nossa morte. Eles se perpetuarão e poderão ajudar a muitas outras pessoas e também às novas gerações de candomblecistas.

O pensamento generalizado no candomblé é de que "tudo se aprende no seu devido tempo". Concordamos! Mas existem pessoas especiais, com grande entendimento cultural, e também iniciadas e preparadas dentro da religião durante anos, que devem ser olhadas com maior atenção por aqueles que têm o conhecimento sobre a religião.

Estas pessoas poderão ajudar a levantar a "bandeira do candomblé" se receberem ensinamentos consistentes, para poder expandir seus saberes à geração atual e também às futuras gerações (é importante frisarmos que, com a chegada da Internet, ensinamentos errados estão se propagando rapidamente).

Queremos conclamar aos mais jovens iniciados da religião, assim como também aos babalorixás, as ialorixás, aos ogãs, as equedes, aos ebomins, enfim, a todos que amam o candomblé e que desejam vê-lo sempre crescendo, que procurem informações sérias, pesquisem, procurando aprimorar e resgatar ainda mais os saberes sobre este grandioso vodum.

O resultado disso tudo que falamos acima é que os saberes sobre Sorroquê ficaram replicados, transformando-se em uma "colcha de retalhos", com uma grande diversidade de informações.

Também o desconhecimento sobre este vodum transformou-o em uma divindade aterrorizante e, assim, ele foi associado somente a coisas negativas. Para algumas pessoas, as crianças, os jovens e até mesmo as mulheres grávidas não podem se aproximar, ou sequer falar desta divindade, com risco de desagradá-la! São pensamentos que precisam mudar, e isso só será conseguido com maiores informações.

O que estamos precisando é de melhores explicações e ensinamentos de como tratar as divindades, e com Sorroquê não é exceção. A grande maioria dos adeptos do candomblé talvez desconheça que os nomes das divindades não devem ser pronunciados aleatoriamente, sem necessidade. Os nossos mais antigos e mais velhos do candomblé sempre preferiram chamar muitos orixás, voduns e inquices por "apelidos" carinhosos, evitando assim atrair o desagrado destes. Julgamos necessário que essa sabedoria, esse modo de agir, deve ser repassado e utilizado também nos dias atuais pelos novos seguidores da religião. Está aí uma tradição que precisa ser recuperada por nossos sacerdotes, para não deixar morrer um grande ensinamento de nossos ancestrais.

As pessoas talvez desconheçam que o vodum Sorroquê tem também o poder de ajudar o ser humano a viver melhor no seu dia a dia. Irado, às vezes cruel, mas muito bem sucedido, é ele o "senhor da prosperidade" da nação fon, sendo considerado também o senhor do ouro e das riquezas produzidas no seio da terra, como as pedras preciosas, o petróleo etc. E que gosta de prover o homem de bens materiais, de trazer engrandecimento e de abrir caminhos.

Sorroquê, na sua condição de vodum, recebeu do povo fon um grande *status* e fixou-se nessa nação. Porém, precisamos compreender que Sorroquê é uma divindade tão preciosa, tão útil e tão necessária para a humanidade que não se pode determinar, e nem desejar, que ela seja de domínio total de uma única nação. Este vodum é tal como Bessém e Iroko, do povo fon; Kitembo, da nação bantu; o próprio Oxalá, do povo iorubá, e tantas outras divindades que também circulam nas variadas nações e que não têm limites que as contenham em seu próprio povo.

Mas é importante não esquecermos que, mesmo ao se apresentar em qualquer nação, Sorroquê é um vodum, e como tal deverá ser recebido, tratado e cuidado.

Em qualquer casa de candomblé, ou em qualquer nação onde Sorroquê se apresente por meio do jogo de búzios esta deverá sentir-se prestigiada e orgulhosa, pois a sua presença muitas vezes sinaliza que aquele terreiro tem a sua proteção. Porém, em algumas ocasiões, o seu aparecimento indica a necessidade de cuidados especiais para a casa de candomblé, que muitas vezes pode estar desarmoniosa ou desestabilizada, e ele quer ajudar.

O povo denominado "jeje nagô-vodum manjarê", no Maranhão e no Recife, também cuida e cultua com muito respeito e amor o vodum Sorroquê, dando a ele lugar de destaque nas suas liturgias.

Sorroquê sempre circulou, e ainda circula, entre as variadas nações porque a sua intenção é ser um "soberano".

Portanto, quando o povo de qualquer destas nações a ele recorrer, será atendido imediatamente. O mesmo acontece também com outros segmentos afro-brasileiros, que o veem e o tratam de forma diferenciada, mas que têm por este vodum um cuidado e um carinho especiais.

A nós, candomblecistas, compete entender Sorroquê e situá-lo em seu patamar dentro da nação fon. Nós pertencemos ao candomblé e, assim, só podemos falar sobre nossa religião!

Os autores

Introdução

Quando fomos convidados a escrever um livro desse porte, e sobre um vodum tão poderoso, pensamos durante um longo tempo, pois sabíamos que as opiniões de muitos de nossos leitores, e também de novos leitores, seriam diversificadas. E que algumas seriam favoráveis, e outras contrárias a nossa visão, é claro, porque ninguém é obrigado a sempre concordar com o que lê ou vê.

Mas aceitamos com muito orgulho, pois acreditamos que o saber precisa ser distribuído, e precisa também ser contestado, muitas vezes. E isto ocorre para o assunto poder ser renovado, ser bem discutido. E a partir daí surgirem maiores discussões e debates, para conseguirmos melhores explicações e surgirem grandes entendimentos.

Nossas raízes nos credenciaram para a confecção deste livro, embora as dificuldades fossem muitas. A maior parte dos saberes aqui descritos foi conseguida graças aos conhecimentos adquiridos, ao longo de muitos anos, por um dos autores desta obra, Odé Kileuy. Somente assim pudemos seguir, aos poucos, montando o livro.

Desde muito jovem, Odé Kileuy dedicou-se muito ao candomblé. Inteligente e interessado em adquirir e entender novos saberes, após sua iniciação morou durante anos na casa de candomblé onde foi iniciado. Nesse período passou por vários estágios na vida religiosa e procurou estar sempre no meio de pessoas mais antigas na religião, pertencentes a qualquer nação, e que pudessem lhe ensinar, acrescentar saberes, enriquecer seus conhecimentos. Muitas vezes precisou adequar-se a pessoas e a situações que não lhe agradavam, como se estivesse antevendo que estas mais tarde lhe seriam úteis e benéficas. E, assim, adquiriu conhecimentos incomensuráveis dentro do candomblé, o que lhe angariou o respeito e a confiança de todos os que o conhecem, e até mesmo dos que só ouviram seu nome.

Desta forma, demos vida a esta obra, contando também com a ajuda de algumas poucas pessoas gentis e interessadas em dividir conosco, e com vocês, os seus conhecimentos.

No início, decidimos direcionar este livro somente à colocação de Sorroquê dentro do candomblé fon. Mas, como via de regra ocorre, o livro vai criando vida própria, e talvez mesmo a divindade desejasse que mais conhecimentos sobre ela fossem passados. Sendo assim, mais saberes foram surgindo e ajudando na confecção da obra, para que pudéssemos trazer informações mais corretas sobre este vodum. Afinal, mais de 400 anos já se passaram desde a chegada do candomblé ao Brasil, e estamos na era da informação, no século 21!

Tentamos, de variadas maneiras, trazer bastante informações sobre esta divindade. Tivemos todo cuidado e carinho para resgatar saberes perdidos, muitos até então escondidos como se estivessem em um baú lacrado. O baú, após aberto, trouxe algumas elucidações. Mas tivemos sempre o cuidado de não entrar nos segredos dos fundamentos da religião.

Também consultamos periodicamente Orunmilá para saber o que a divindade determinava ou condenava, e esta sempre nos levava para frente, para irmos avante nas informações que passávamos para o papel

Esperamos que outros autores possam também trazer novos saberes e conhecimentos importantes, e assim enriquecer e consolidar ainda mais os ensinamentos sobre esta divindade tão polêmica do candomblé.

Estamos abertos a sugestões e a ensinamentos; também aceitamos críticas bem situadas e os elogios sinceros. E desejamos que esta obra seja útil para todos os irmãos, independente de seu segmento religioso

Como todos que estão lendo este livro, também estamos aprendendo e, com certeza, temos a ajuda do "poderoso guardião Sorroquê!

Exá! Axé!

Odé Kileuy & Vera, de Oxaguiã

Um minuto de atenção!

Caros leitores, para melhor entendimento de alguns tópicos deste livro destacamos, do "Dicionário Aurélio Buarque de Holanda", explicações rápidas e simples de certos termos, como:

Caráter: o conjunto de traços psicológicos de uma pessoa. O modo de ser, de sentir e de agir de um indivíduo. Conjunto de qualidades – boas ou más. Firmeza de atitude. Pessoa coerente e com domínio de si.

Índole: é uma tendência e uma propensão natural, que pode ser moldada ou modificada pelo ambiente ou pelas amizades. Temperamento.

Personalidade: o que determina a individualidade moral de uma pessoa. A maneira habitual de uma pessoa agir ou se comportar. É o elemento que distingue uma pessoa da outra. A parte da constituição moral que traz as características afetivas, físicas e psicológicas de um indivíduo.

Esperamos, desta forma, ter ajudado a uma melhor compreensão por parte de todos.

CAPÍTULO 1

Quem é Sorroquê (*Sòhòkwè*)?

A personificação de um grande guerreiro

Sabemos que Ogum, orixá da nação iorubá; Roximucumbi, inquice da nação bantu; e Gu, vodum da nação fon, são grandes guerreiros, conquistadores e desbravadores. São divindades meio rudimentares e, até mesmo, irascíveis.

Também sabemos que Exu, da nação iorubá; Aluvaiá, da nação bantu; e Legba (ou Legbáio), da nação fon, são vibrantes, grandes comunicadores, possuem comportamento incitador, conflituoso, instável. São agitados e também agitadores!

E o que acontece quando surge uma divindade que tem uma semelhança comportamental e uma personalidade quase idêntica à junção destas duas divindades? O ser humano fica perplexo, sem entender o seu comportamento!

Meio complicado, mas plausível, pois as suas distinções estão bem marcadas por algumas diferenciações nos comportamentos de ambos. E porque sabemos que, dentro do panteão sagrado, estas duas divindades são talvez as mais controversas e as mais temidas.

De um lado um caráter dinâmico, um gênio rude e avassalador, uma bravura indomável, uma instabilidade emocional, uma ira incontrolável. De outro lado, a malícia, a energia, a maldade, a brincadeira, o poder e uma índole que provoca conflitos. Possuindo a junção dessa personalidade perigosa, que carrega consigo muita magia e muito mistério, surge Sorroquê, o vodum pertencente à terra, ao elemento fogo, à cor vermelha.

Pouco se sabe sobre o passado histórico de Sorroquê, por isso achamos necessário que mais pessoas deveriam pesquisar sobre essa divindade. Não é interessante que os saberes da religião sumam junto com os que os detêm. O candomblé necessita abrir um maior leque de informações sobre tudo o que diga respeito a ele. Isso permitirá que o candomblé se torne uma religião cada vez mais rica culturalmente, e também mais fácil de ser interpretada pelos seus adeptos, pelos amigos e pelos frequentadores dos seus terreiros.

Pelo fato de o candomblé ter o seu saber proveniente da sabedoria oralizada, seguimos o pensamento das pessoas mais velhas e mais antigas, e também pelas tradições da religião, de que esta divindade seria proveniente de Dahomé, atual Benin, mais especificamente da região dos Mahi, um povo fon. Seu modo de agir, seu dialeto, suas liturgias e cantigas possibilitam a todos os grandes sacerdotes e conhecedores desta nação afirmar que Sorroquê é proveniente desta área designada aos voduns.

Também nos permitimos questionar: será que Gana, país localizado na parte Oeste da África, seria participante de seus domínios? Nos permitimos esse pensamento pelo fato de Gana receber o nome de "Costa do Ouro", por toda a riqueza existente em seu subsolo, como ouro, diamante, carvão, ferro, dentre outros. Mas, infelizmente, não encontramos nenhuma referência bibliográfica que pudesse nos oferecer maiores fundamentos sobre estas indagações.

Sorroquê é muito cultuado pelos povos de Savalu, os savalunos, e pelos aladanos, da cidade de Aladá, no antigo Dahomé, conforme nos informaram os mais velhos sacerdotes das casas de candomblé fon oriundas dessas regiões.

Num período indeterminado este vodum passou a ser cultuado também em outras áreas da África, até mesmo pelas trocas de informações entre as regiões. Inclusive, nossos mais antigos acreditam que esse conhecimento chegou até à cidade de Ketu e outras áreas iorubás.

O importante, após esta explanação, é dizer que, como vodum, Sorroquê não é interpretado pela nação fon como sendo metade Legba, nem metade Gu, pois ele não é um vodum dividido em dois. Sorroquê é uma divindade masculina "única", não possuindo inclusive "qualidade" ou "caminhos".

Vodum com características próprias, ele tem, porém, a sua personalidade e a sua índole bastante similares com as de Legba e de Gu. É, contudo, muito mais forte, muito mais violento e mais irado que Legba, mas com uma estrutura psicológica mais bem montada do que a de Legba, que entretanto o respeita muito. Isso verifica-se nos momentos das liturgias: quando saúda-se Legba também se reverencia Sorroquê. Assim, estamos prestando a ele uma homenagem, e também apaziguando-o e pedindo sua ajuda para cortar interferências negativas, fazendo assim com que tudo transcorra na mais perfeita harmonia nas casas de candomblé.

Todas as nações – iorubá, nagô-vodum, bantu, efã, xambá e outras – possuem divindades com personalidades fortes, que fazem a defesa dos terreiros. São divindades que possuem pequenas semelhanças com Sorroquê, como trazer proteção à casa de candomblé e seus participantes, dar mais energia à terra e proporcionar condições de prosperidade. Porém, essas divindades são bem mais amenas, possuem um comportamento mais estável e são mais fáceis de lidar do que Sorroquê.

Precisamos ter cautela com todas as divindades, porém este vodum requer muito mais cuidados e atenção.

Sorroquê, como vodum, tem seu culto completamente independente, porque possui cantigas, danças, roupas, folhas, comidas próprias e individuais, e até mesmo um *efum* particularizado, feito com o pó do inhame seco e pilado. Alguns sacerdotes mais idosos dizem que ele possui até um dialeto muito arcaico e individualizado.

Sorroquê tem um Legba ligado e direcionado especialmente para ele. Este possui um temperamento mais equilibrado e harmonioso, o que ajuda na relação de ambos. Embora respeite muito Babá Alapalá, o Babá Egum de Aganju, e Babá Nlá, um Babá Egum de tempos imemoriais, Sorroquê possui também um Babá Egum interligado somente a ele. Não obtivemos autorização do vodum para revelar seus nomes, pois são divindades de grande poder e, portanto, de conhecimento restrito aos conhecedores mais próximos de Sorroquê.

No sistema oracular de Fá, na nação fon, ele surge em Odus mais complexos e mais raros de surgir no dia a dia, comprovando assim que só se mostra em situações mais graves, que necessitem realmente de sua intervenção.

Para muitos, ele insere-se no grupo de Gu, para outros ele participa do grupo de Legba. Sorroquê, em sua função de guardião, "passeia" por variados grupos, pois embora seja divindade única, não trabalha sozinho – precisa da ajuda e da presença de parceiros para desempenhar bem suas funções, para resguardar, proteger e defender a vida das pessoas e a casa de candomblé.

Sorroquê tem grande respeito por Mawu, vodum da criação. Quando ele recebe seus preceitos, estes também são ofertados a esta divindade suprema. Entre outras poderosas ligações que Sorroquê tem encontra-se Aizan, vodum da terra em que pisamos. Nas liturgias e comemorações para Aizan, no momento das ofertas, obrigatoriamente louva-se também Sorroquê. E vice-versa. O mesmo ocorrendo com Gu e com Legba.

O vodum da riqueza

Algumas lendas nos dão a entender que Sorroquê saiu das terras do Benin, da nação fon, e decidiu percorrer as estradas, para conhecer novas paragens. E andou por locais que desconhecemos.

Por gostar de viver em grandes altitudes, os platôs dos lugares mais altos do mundo talvez tenham sido os seus preferidos. Nestes locais, até mesmo os animais são desconhecidos dos seres humanos; muitos deles talvez somente tenham sido vistos por estudiosos e por Sorroquê.

Em seus momentos de cólera, muitas vezes prefere refugiar-em locais inóspitos e desérticos, refugiando-se então como um eremita. Nesta condição, aprecia a solidão, o silêncio.

Mas é como uma divindade do "exterior", e para ajudar aos que a ele recorrem, que passa a viver ao ar livre, nas estradas, nas matas. Em sua função de "senhor da riqueza", gosta das ruas, dos "caminhos" que levam aos comércios, aos mercados, onde o dinheiro circula, caminhos que levam à prosperidade.

Porém, em tempos longínquos, nessas andanças, muitas vezes a fama de Sorroquê o precedia e onde chegava e não era recebido como esperava, e sentindo-se não reconhecido, neste momento sua ira aflorava. Muitos moradores das cidades só ouviam falar de seu lado rudimentar, e por isso tinham muito medo dele. E com este temor só conseguiam perceber seus pontos negativos. Portanto, fechavam-se em casa, deixando os lugarejos em silêncio e desertos. Sentindo-se por isso rejeitado, muitas vezes sua indignação era fatal, e ele destruía aldeias e cidades.

Mas nos locais onde Sorroquê era saudado e recebido com honras majestosas, alimentado com requinte e com bebidas de seu gosto, ele dava suas benesses, distribuía prosperidade e trazia a bonança. E a localidade crescia e prosperava!

Se Sorroquê era um ser sem paradeiro, em determinado momento, ao chegar à região de seu povo, a nação fon, e receber considerações e cuidados especiais quando do seu retorno, ele resolveu então ali estabilizar-se. Este povo decidiu prestar-lhe, então, grande reverência, demonstrando-lhe assim todo seu carinho e seu apreço. E Dan, o rei deste povo, decidiu que ele seria o guardião de seu castelo. E deu a Sorroquê uma bela e luxuosa moradia, próxima a seu castelo. O que Sorroquê sempre buscou, e mais queria, era ser considerado um soberano, e isto Dan lhe proporcionou, ao fazê-lo participar de sua corte.

A grande nação fon passou então a reverenciá-lo e a respeitá-lo como seu protetor e o grande provedor de riquezas desta nação. Se Dan, um vodum tão poderoso, que traz para o povo da terra tantas benesses, como a chuva, as riquezas, os alimentos, a prosperidade, achou que seria proveitoso para seu reino e seu povo ter Sorroquê como seu guardião, é porque viu nele inúmeras possibilidades. Não nos cabe, assim, fazer questionamentos sobre a sua personalidade ou o seu comportamento.

Devemos entender que a vida na Terra não seria tão boa sem Sorroquê – ele produz a diversidade, traz ajuda financeira, provoca a mobilidade no mundo e, primordialmente, ele nos dá proteção. E para trazer defesa ao homem ele precisa estar em movimento constante, sempre.

A personalidade irada de Sorroquê também traz ajuda

Sorroquê é chamado por alguns de "o avassalador". Este nome já diz muito do que ele é capaz, em seus momentos de fúria. Como diz a letra de uma música cantada por Jorge Versillo, "chega sem avisar, avança sem pensar", conquistando sem medir as consequências. A sua cólera, a sua revolta, são como os raios: não têm direção, nem indicam onde irão cair ou o que causarão.

Esta fúria de Sorroquê assemelha-se a um terremoto, a um tufão e provoca grandes estragos. Ele representa a explosão interna do vulcão, que vem rasgando tudo desde o ventre da terra, subindo, subindo, até surgir externamente e, com fúria, provocar a sua erupção.

A ira e a crueldade de Sorroquê quando sentidas são ruins para determinadas pessoas, mas poderá trazer o bem ou o lucro para outras; isto, na vida, chama-se "equilíbrio"! Tudo no mundo tem um lado bom e um lado ruim; para um ganhar, outro vai perder!

A sua personalidade, em algumas circunstâncias, é insensível; a sua justiça condena a uns e absolve a outros; dá a riqueza para uns, enquanto outros vivem na miséria. Os que o agradam e lhe obedecem, conseguirão as suas benesses.

Podemos citar Iku, a divindade iorubá que representa a morte, como exemplo da necessidade do equilíbrio: ela não age com piedade quando tem que levar alguém. Leva, e pronto! Independente da dor que causará em pais, filhos, irmãos, marido, esposa, amigos. Mas é algo necessário, faz parte do ciclo da vida, e esta é a sua obrigação.

Todas as divindades, de todas as nações, possuem estes saberes, e procuram ajudar a quem quer ser ajudado! Algumas logo demonstram a que vêm, outras usam cada lado de acordo com o comportamento e o merecimento do ser humano.

Se você quer saúde, felicidade, tranquilidade, recorra a Mawu; se quer emprego, peça a Legba, a Gu. Agora, se você quer riqueza, proteção, tranquilidade, equilíbrio, recorra a Sorroquê. Mas tenha consciência do que pedir e de como fazer para agradar a este vodum.

Pedindo a ajuda de Sorroquê

Sorroquê não aceita muito perdoar os erros dos seres humanos, pois considera que tudo deve ser feito com atenção e cuidado. E é por isso que muitos o chamam de "o olho que tudo vê"! Se você errar propositalmente na forma de pedir, na forma de fazer seus preceitos, errar na hora determinada, poderá sofrer sanções.

Para ele, o homem que deseja pedir a sua ajuda tem que saber exatamente o que faz, como faz e porque faz. Nada deve ser pedido aleatoriamente. Aqueles que precisam dele, devem recorrer às pessoas certas dentro da religião, solicitando a orientação correta para cumprir as exigências de Sorroquê, e o modo correto de proceder nos momentos exatos.

Sorroquê age muitas vezes parecendo um mercenário frio e calculista, porque ajuda as pessoas quando também vai receber algo em troca. Ele vê isso como um pagamento, uma troca justa pelos seus serviços.

Perto dos seres humanos mostra-se arredio, pois não gosta e não concorda com certos comportamentos dos homens. A muitos considera como "destruidores da natureza".

Quanta sabedoria carrega esse vodum!

Sorroquê e a natureza, que lhe pede socorro

O homem está entrando em atrito com a natureza, e também com as divindades que dela cuidam. E o mais importante: as divindades precisam muito da natureza, pois ela é a sua morada, e também de sua inteira responsabilidade. Mas esta mesma responsabilidade e necessidade também pertencem ao ser humano, que muitas vezes não faz a sua parte.

As grandes catástrofes, como maremotos, tufões, tsunamis, eclosão de vulcões adormecidos há anos são parte integrante da natureza, mas a sua constante é uma resposta ao desequilíbrio climático dos eventos provocados pelo homem.

A natureza mostra-se irritada com o homem. Sorroquê, porém, surge para ajudá-la, e muitas vezes mostra ao homem que tudo pode ser destruído em segundos, se ele não tomar consciência das suas obrigações com a mãe-natureza, que tudo lhe dá e só pede em troca cuidados e amor.

Por ser o "senhor" que possui grande concentração de poder, um acúmulo poderoso de energia, ele atrai e participa das grandes tragédias da natureza. E também participa daquelas causadas pelos homens.

A humanidade está sempre subjugando alguém ou elementos que façam parte da natureza, submetendo e provocando desequilíbrios e maus-tratos. Com isso, consolida um bloco de energias que, com o passar do tempo, vai crescendo. Até acontecer uma pequena situação que acende o estopim e provoca a explosão desta energia e a dizimação de vidas. Quando pressente o crescimento desta energia, Sorroquê é atraído e aí provoca todo tipo de destruição. Este é o seu lado exterminador, dominador.

Porém, como em todas as situações da vida, nas desgraças também podemos encontrar o lado positivo. Das grandes catástrofes advêm o progresso, a renovação e a prosperidade, obrigatórias e necessárias para a continuidade da vida do homem na Terra. Tudo precisa ser recriado, replantado, modificado e o progresso substitui o caos.

O homem passa a respeitar mais a natureza, a olhar seus semelhantes com mais cuidado e a aproveitar melhor as suas possibilidades. Aprende a usar com parcimônia e cuidado as riquezas que a Terra lhe dá. Sorroquê, então, surge para trazer a bonança, a riqueza, a renovação! E o ciclo se completa, e a vida continua!

Após os desastres, os seres humanos também evoluem mentalmente, pois é na necessidade que surgem soluções diversas para situações antes desconhecidas e difíceis.

Todos os desmantelos da natureza são precisos e usados para o homem entender que Sorroquê pode ajudá-lo a melhorar, por ser ele um vodum especialista em garantir a prosperidade e o sucesso, e que gosta de socorrer os seres humanos.

Sorroquê, "senhor da magia"

Sorroquê é o senhor das demandas; é quem ajuda o ser humano por variados tipos de mandigas. Ligado também aos feitiços, ele ajuda a afastar ou a atrapalhar a vida de um inimigo, sendo, nessas necessidades, muito procurado para auxiliar nos casos extremos, tanto como protetor como destruidor. Nestes momentos, é eficiente, prático e rápido na ajuda! Os pedidos que lhe fazem têm a garantia de pronto atendimento se a pessoa for merecedora, de acordo com seu julgamento.

Embora muitos achem o contrário, mesmo as mulheres iniciadas no candomblé podem presenteá-lo, quando houver necessidade, ou quando Sorroquê solicitar. A única exigência é que, no momento da entrega, elas precisam estar acompanhadas por um homem, ou de preferência por um ogã conhecedor de suas funções. Em algumas casas de candomblé mais antigas e mais conservadoras, existem homens preparados exclusivamente para lidar com esta divindade que, muito prepotente e grandiosa, quer uma atenção total daqueles que cuidam dele.

Contudo, as pessoas devem ser muito cuidadosas com o que pedem. Precisam fazer seus pedidos com clareza, no sentido de transmitir exatamente o que desejam, e meditando sobre a real necessidade do que solicitam. As magias, os feitiços, não evitam as dificuldades, não fazem com que elas sumam, apenas as aliviam, tornando-as mais leves e mais fáceis de ser aceitas.

Existe um mito que diz que quando se faz um pedido a Sorroquê este deve ser mantido em segredo, só conhecido por ele e pelo solicitante. Se esta parceria não acontecer, a pessoa corre o risco de não ser atendida. E a pessoa ao ter seu pedido atendido, deve pagar imediatamente o que lhe prometeu.

O homem precisa saber como lidar com esta divindade para viver bem. Deve evitar que os seus erros possam provocar o seu furor e a sua ira. E, com ebós próprios, fazer com que ele reconheça o ser humano como seu amigo.

Ligação com os elementos dinâmicos e sagrados

Sua personalidade agressiva e colérica o interliga com divindades de comportamento assemelhado ao seu e ligadas à ancestralidade e à senioridade. E o seu temperamento rude ajuda a interligá-lo com elementos mais palpáveis como a terra, o barro vermelho, o magma fervente dos vulcões e também os metais. Por isso, em seus vários rituais são muito utilizados objetos de aço.

Na nação fon as cores preferenciais para Sorroquê são o azul-rei e o branco. O azul é a cor da representação da terra, e a cor branca é inserida numa forma de trazer abrandamento, calmaria. Estas cores também fazem parte do seu fio-de-conta, que recebe como fechamento um coral vermelho ou terracota. Faz-se então o tríduo das cores – vermelho, azul e branco.

Por isso, é muito comum a utilização em suas vestimentas de tecidos estampados, com cores bem alegres e fortes.

Vários outros segmentos religiosos utilizam as cores azul e vermelha. O vermelho é representado pelo *ossum* e pelo sangue, e é uma cor estimulante que ajuda e traz a energia e o dinamismo ao mundo. De acordo com cada situação, o uso de cores pelas divindades pode excitar, como a cor vermelha, ou pode ajudar a acalmar, trazer paz e estabilizar, como ocorre com a cor branca.

O aparecimento de Sorroquê em uma casa de candomblé é algo raríssimo. Em tempos mais remotos, e cremos que também nos dias atuais, quando isso acontecia, os nossos sacerdotes imediatamente vestiam-no todo de branco, em homenagem e respeito a Mawu, e também para abrandar a sua ira e acalmar a sua instabilidade emocional. Isso ainda contribuía para enaltecê-lo e mostrar-lhe todo o reconhecimento sagrado que a cor branca indica. (Os voduns não gostam de roupas muito requintadas, rebuscadas, dando sempre preferência às vestimentas mais simples, mais casuais.)

Como guerreiro, Sorroquê usa capacete trabalhado com búzios e palha-da-costa, tendo como paramentos de sua vestimenta adereços de couro, de ferro, de aço e pequenas cabaças, dentre outros objetos.

Criado para trazer controvérsias

Sorroquê existe e foi criado por Mawu e Lissá, divindades da criação do povo fon, para proteger, para guardar e para ajudar na manutenção financeira dos terreiros. Por causa disso, passou a ser procurado e utilizado por vários segmentos afro-brasileiros. Tornou-se então uma divindade muito pluralizada, onde todos têm algum conhecimento sobre ele.

Desta forma, cada terreiro tem por costume tratá-lo ao seu modo. Esse jeito de agir acabou gerando grandes perdas dos conhecimentos trazidos por nossos antepassados, e muitos que poderiam ajudar, proporcionando maiores saberes, calaram-se. E tornaram-se, logicamente, cúmplices dos que erraram.

Por tudo isso, e por muito mais, consideramos útil nos dias atuais repensarmos no que fazer para colocar Sorroquê no seu devido lugar como vodum, e também com os devidos acertos.

Existem dogmas e fundamentos no candomblé que não podem e não devem ser mudados, com risco de se incorrer em erros gravíssimos, trazendo sérias consequências para o momento do erro, e também para o futuro! E cuidar de Sorroquê exige todo esse cuidado!

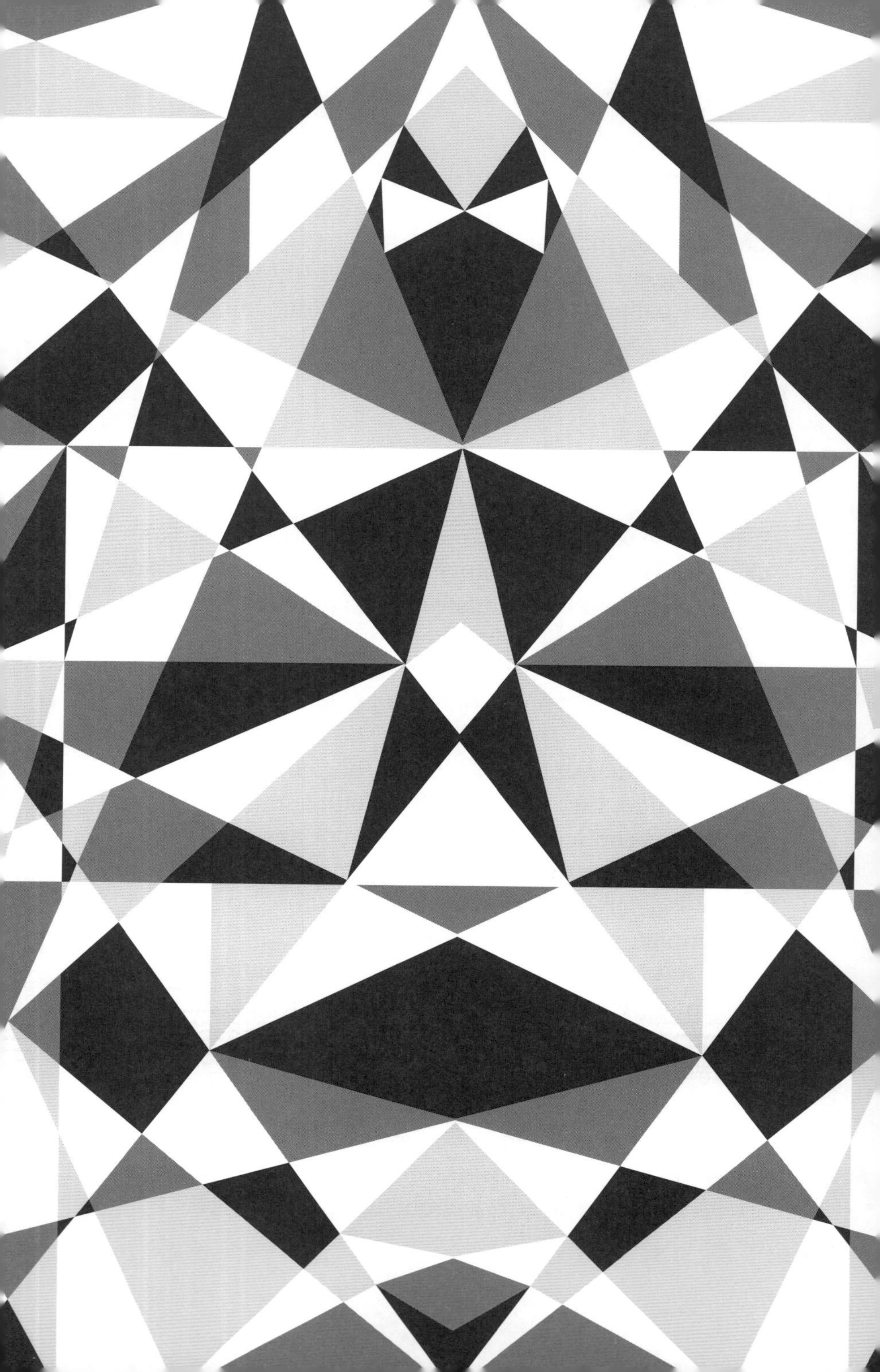

CAPÍTULO 2

Nação Fon

Para uma casa de candomblé da nação fon funcionar plenamente todos sabemos que é necessário, primordialmente, uma grande extensão de terra. E a presença de árvores grandiosas, de ervas sagradas e curativas, de pequenos animais e de todo um mundo particular que pertence à natureza e ao mundo oculto e sobrenatural que cerca as florestas. Isto para poder tratar convenientemente os voduns, as divindades que vivem nos exteriores, no tempo, no contato direto com a mãe-terra.

As grandes árvores da floresta, como arrorô, jaqueira, cazajeira, fícus, ipê, servirão de morada às divindades. A existência também de uma fonte de água pura e cristalina, um poço ou rio é essencial.

São necessários ainda um espaço físico para a moradia das pessoas que ali fixam residência, e ainda as acomodações onde são realizadas as liturgias da casa de candomblé. Estes são locais especiais para a realização das iniciações religiosas. Como algumas pessoas ficarão cumprindo seus resguardos necessários e obrigatórios dentro do terreiro, necessitam, portanto, de acomodações para este período. E, futuramente, neste mesmo local prosseguirão com suas obrigações temporais.

Talvez seja nos terreiros mais antigos desta nação onde estejam, nos dias atuais, os maiores conhecimentos sobre o candomblé fon. Porém, muitos de seus sacerdotes e seguidores não abrem seus saberes facilmente, porque o povo fon é ainda uma das nações mais fechadas, em termos de transmissão de ensinamentos, que existe no Brasil. Seu povo tem métodos ainda bem arcaicos, procurando conservar ao máximo os ensinamentos trazidos da África por seus antepassados.

Sabemos que, com o passar do tempo, a religião precisou ser recriada, modificada e adaptada as novas condições sociais e ambientais. E isto aconteceu também no que diz respeito ao tamanho dos terrenos onde se encontravam as casas de candomblé, e também as casas dos componentes da comunidade religiosa. Porém, na parte relacionada às divindades, seus seguidores sempre tentaram manter os métodos o mais próximo possível daqueles de seus ancestrais. Suas divindades, os voduns, mantêm ainda um aspecto e um certo comportamento meio tribal, tendo ainda um linguajar próprio, nos diálogos entre si; um dançar rude, forte; vestimentas simples e práticas, mesmo sendo muitos deles oriundos de famílias da realeza em suas cidades.

As moradas dos voduns são preparadas em árvores muito antigas e grandiosas. Estes locais, chamados de *atinçás*, são arrumados com elementos especiais e enfeitados com laços que os embelezam, mas que também ajudam a camuflar e resguardar os elementos particularizados dos voduns dos olhares alheios. Tais árvores tornam-se, assim, consagradas, sagradas e guardam os segredos dos voduns. O segredo é um mistério, e o mistério é o segredo do candomblé!

O povo fon, desde tempos longínquos, ao ver Sorroquê em suas terras e observando seu comportamento, decidiu, para acalmá-lo e agradá-lo, colocá-lo como guardião e protetor das casas de candomblé desta nação. E, assim, em conjunto com alguns outros voduns imensamente poderosos, a sua presença nestes terreiros produz defesa, segurança e prosperidade, gerando equilíbrio e harmonia nessas casas religiosas.

Logo à chegada de uma casa de candomblé fon, dominando a entrada está Gu de um lado e Legba de outro. Dan ocupa um lugar de destaque, mais distanciado. Babá, representante da ancestralidade, fica em local alto, resguardado, próximo às matas. Aizan, o administrador da crosta terrestre, tem seu atinçá arrumado e acobertado. No centro, guardando todo este grande complexo, está Sorroquê.

Toda casa de candomblé precisa de defesa contra forças negativas e nefastas, que provocam desestruturação e grandes instabilidades. Legba corta os conflitos, as confusões e as brigas. Gu evita as guerras, as contendas perigosas para as pessoas e para o espaço físico terreno. O poderoso guardião Sorroquê presta ajuda a ambos, proporcionando uma maior proteção com sua bravura indômita, e zelando pela ordem dentro da casa de candomblé.

Mas, além de fazer a segurança das casas de candomblé fon, é Sorroquê o responsável pelo crescimento financeiro dos terreiros e pela sua prosperidade. Senhor da riqueza, do ouro, promove a evolução das casas por ele guardadas.

É também aquele que cobra e castiga a todos os que o desacatam ou desrespeitam as ordens dadas. É importante dizer que estas três forças, Gu, Legba e Sorroquê, não rivalizam, muito pelo contrário, eles se complementam, consolidando e firmando a casa de candomblé.

A entrada cronológica de Sorroquê dentro do Odorrozan (ou Dorrozan), mostra a sua grande importância dentro da nação Fon, e a sua colocação como um dos defensores do terreiro, garantindo assim a ordem e a paz para a comunidade.

Na grande maioria das casas desta nação o primeiro vodum a ser reverenciado nos momentos de liturgia é Aizan; depois a ancestralidade; a seguir Legba, Sorroquê e Gu. Essa ordem pode ser alterada de casa para casa, de acordo com o doté ou a doné, mas, no cômputo geral, a ordem é essa.

Este vodum é tão importante nesta nação que até mesmo no Sirrum (ou Zirim) ele é louvado, e são feitos ebós específicos antes, durante e depois deste ritual fúnebre. O sacerdote estará sempre consultando o oráculo, para ver as determinações de Sorroquê e de outras divindades. Estas ordens são executadas geralmente por ogãs da casa de candomblé ou por convidados ilustres e especiais, sempre com a presença das pessoas mais antigas e também das mais idosas da casa de candomblé. Tudo isso é necessário para que as liturgias ocorram com harmonia, sem interferências anormais.

Sorroquê é um vodum tratado, atualmente, nas grandes casas de candomblé fon no Brasil, principalmente na Bahia, do mesmo modo como os/as sacerdotes/sacerdotisas aprenderam com seus antepassados. É importante informar que Sorroquê, na nação fon ou na nação nagô-vodum, só é assentado para as casas de candomblé; não é costume ser arrumado para pessoa física. E a pessoa que vai fazer seu palabo necessita ter um bom conhecimento para a realização deste ato. O assentamento de Sorroquê passa de Axé para Axé. Não pode, e nem deve ser feito aleatoriamente.

É costume, em algumas casas de candomblé, manter segredo sobre a localização do palábo de Sorroquê, pois alguns sacerdotes ainda seguem aquelas normas bem arcaicas, obedecendo o famoso **"tô"** (*silêncio, não revele!*).

A primeira casa de candomblé da nação fon do Rio de Janeiro foi o **Kwé Kpodabá**. Este Axé foi fundado por Gaiaku Rosena, que veio da cidade de Aladá, no Benin, antigo Dahomé. Dizem os mais antigos que esta doné trouxe consigo alguns pertences para, posteriormente, preparar o assentamento deste vodum no Brasil. Com a morte de Gaiaku Rosena, uma das poucas pessoas iniciadas por ela, a sr.ª Mejitó, de Vodun Ijó, tornou-se a sua sucessora e continuou com as funções da casa de candomblé. Mejitó iniciou mãe Natalina, de Azirí, que mais tarde fundou o Kwé Sinfá, inaugurado por Mejitó e com a presença de ilustres sacerdotes da época. Atualmente, o palábo deste vodum encontra-se no Kwe Sinfá, com a doné Helena, de Bessém, no Parque Paulista, em Raiz da Serra, no Rio de Janeiro.

A casa de candomblé popularmente conhecida como **Cacunda de Yayá**, em Salvador, BA, é um grande e antigo Axé, pertencente ao **Axé Poegí**. Esta casa possuía até há alguns anos o palábo de Sorroquê. No passado este Axé foi comandado pela finada doné Satu, de Mawu, da nação Savalu, no Dahomé (Benin). Após a morte desta, a casa passou a ser comandada por "seu Sinfrônio", de Sakpatá. A seguir, com a morte dele, mãe Tança, do vodum Nã, juntamente com a doné Jerônima, de Dan, tomaram conta da casa de candomblé. Atualmente, no Rio de Janeiro, em Nilópolis, Iyá Ominibu, iniciada por mãe Tança, comanda o **Kwe Sakpatá**, que tem, na entrada do seu terreiro, o palábo de Sorroquê. Esta doné tem grande conhecimento sobre este vodum, embora seja muito reservada no tocante a comentários sobre esta divindade.

No Rio de Janeiro, o Axé Kavok, comandado por Odé Kileuy, que foi iniciado por Rui, de Oxaguiã, do Axé Kpodabá, e que deu continuidade nas suas obrigações temporais com a ialorixá Ominibu, do Axé Poegí, tem como um dos seus grandes segredos, bem camuflado, o palábo de Sorroquê, em sua casa de candomblé no bairro de Mesquita, Nilópolis, Rio de Janeiro.

Muitas outras casas ainda existem que usam preceitos e liturgias semelhantes aquelas trazidas da África por nossos antepassados, para o preparo inicial das liturgias desta divindade. Muitos terreiros atualmente também estão procurando resgatar a colocação de Sorroquê nas casas de candomblé.

A falta de um espaço físico grande dificulta, mas não é empecilho. A cidade expandiu-se e a vida tornou-se mais cosmopolita. As pessoas precisam trabalhar e viver com mais comodidade e serenidade nos grandes centros urbanos. E as casas de candomblé também precisaram seguir este ritmo, e foram, aos poucos, perdendo pedaços de terra e aproximando-se mais das partes centrais das cidades.

Muitos sacerdotes/sacerdotisas, porém, nos dias atuais estão procurando adaptar-se, e readaptar-se, como fizeram nossos ancestrais, e alguns estão voltando a morar em terrenos mais distantes das grandes cidades, desejando maior contato com a natureza e levando as divindades para ficarem o mais próximo de seu *habitat*.

Mas, nossas divindades possuem mais entendimentos que nós, seus filhos e seres humanos incompreensíveis, e estão também adaptando-se, como adaptaram-se há mais de 400 anos, ao serem trazidas para o Brasil. Para elas o importante é a fé, o amor e o carinho com que seus filhos e os seres humanos as olham, e a forma como as tratam.

Como proceder se Sorroquê aparecer como "dono de cabeça (*tá*)", na nação fon?

No passado, nossos grandes sacerdotes e sacerdotisas, fossem da nação bantu, fon, iorubá, ijexá, nagô-vodum, efã, xambá e outras, não iniciavam pessoa alguma para o vodum Sorroquê. Ele era respeitado e muito temido, e todos prefeririam tê-lo como um "poderoso guardião" de suas casas.

Embora tenhamos este conhecimento, sabemos que existem algumas pessoas iniciadas desta divindade. Acreditamos que os sacerdotes que assim agiram tinham bons conhecimentos dos grandes fundamentos necessários para esta cerimônia, e também o livre arbítrio para assim agirem.

Se este vodum aparecer no jogo de búzios como "dono de cabeça", o olhador vai precisar de muita cautela e cuidado. Necessita conhecer bem sobre a leitura do Jogo de Búzios, sobre os Odus e também sobre a divindade. Se achar necessário, não deve ter escrúpulos em pedir auxílio e em recorrer a amigos sacerdotes, até mesmo àqueles de nações diferentes da sua, que considerar mais aptos para ajudá-lo.

Muitas vezes a aparição de Sorroquê no jogo pode indicar apenas que ele deseja receber cuidados ou quer ajudar aquela pessoa. Ele pode estar avisando que a casa de candomblé ou a pessoa ali presente está precisando resguardar-se de algum inimigo. Muitas vezes quer ajudar a trazer prosperidade e crescimento ao terreiro. São inúmeras as opções quando do seu aparecimento.

Assim, antes de qualquer procedimento, o olhador deve saber o que ele realmente quer e qual é a sua função na vida daquela pessoa ou na casa de candomblé.

Se for para uma pessoa, e após certificar-se corretamente do que está acontecendo na vida de um consulente, o sacerdote já deverá começar a neutralizar alguns efeitos negativos que a presença deste vodum poderá causar na vida da pessoa, e passar a cuidá-lo com ebós especiais.

O próximo passo é saber como reverenciar e presentear Sorroquê. Este procedimento deve ser feito sempre em locais exteriores, altos, como montes, ou até mesmo em encruzilhadas. Após estas liturgias, Sorroquê será mais uma divindade a ajudar a pessoa, pois é um vodum justo e poderoso. Ele proporciona grandes transformações na vida das pessoas e, no futuro, nas obrigações temporais do iniciado, este deverá sempre agradá-lo, presenteá-lo.

Mas é importante entender que, qualquer pessoa que faz sua iniciação na nação fon, antes mesmo de presentear ao seu vodum primeiro precisa reverenciar e agradar a Sorroquê, colaborando assim para que todas as liturgias ocorram com harmonia e tranquilidade.

Diz-se que Sorroquê costuma ter preferência por "cabeça" de pessoas do sexo masculino. Isto, porém, não impossibilita que ele surja, esporadicamente, no jogo de alguma mulher.

As pessoas que possuem Sorroquê nos seus caminhos podem até ter uma vida financeira relativamente estável, mas geralmente sua vida é meio turbulenta. Algumas podem mostrar-se agressivas ou violentas em certos momentos. Gostam de uma "briguinha"! Para amenizar e aliviar este aspecto de instabilidade, é necessário que os sacerdotes façam periodicamente alguns atos litúrgicos nestas pessoas, próprios para acalmar esta divindade e para ajudar a limpar esta sua parte tão conturbada.

Existem muitas forças sagradas e muitas divindades que foram criadas somente para funções de ajuda, de controle, e que não precisam se manifestar fisicamente, e era assim que pensavam nossos antigos sacerdotes com relação a Sorroquê.

**Assentamento de Sorroquê
para uma casa de candomblé fon nos dias atuais**

Assentar Sorroquê para uma casa da nação fon ainda é um ritual muito secreto, mesmo nos dias de hoje. Preparado com muita seriedade e discrição, e principalmente com grande cautela, para que nada possa trazer instabilidade ou discórdia. Esta preparação necessita de muitos dias, pois são muitos os fundamentos e, principalmente, a necessidade de variados elementos.

Dentro de uma casa de candomblé só deve existir um único palabo de Sorroquê, e este pertence ao terreiro. Justamente por isso ele é chamado de palábo-quê. Qualquer necessidade que um vodunci tiver para agradá-lo, a liturgia será feita nesse atinçá.

As árvores especiais utilizadas para a colocação do palábo de Sorroquê são geralmente a cajazeira, a mangueira, o abiu ou o arrorrô.

No dia marcado tudo será preparado e direcionado para ele; é preciso trazer Sorroquê em paz e com calmaria. Tudo se faz para aproximá-lo, procurando fazer com que ele receba seus preceitos com tranquilidade.

As liturgias iniciam-se à noite, em período não chuvoso, com cânticos e danças, sem a participação de crianças, num ambiente de total harmonia. Entre uma cantiga e outra, silêncio total, numa vigília respeitosa.

As mulheres trazem a cabeça coberta com ojá branco e roupas também brancas, discretas, sem luxo, sem brilho. Nesta noite ninguém dorme, cochila ou encosta-se em paredes. É uma reunião importante, com a presença de autoridades da religião, de convidados ilustres e íntimos da casa de candomblé, e de pessoas especialmente convidadas para esta ocasião. As autoridades ficam permanentemente em conjunto, produzindo assim um vínculo hierárquico e sagrado, onde os mais velhos carregam uma vara de atorí na mão, para evitar-se perturbações repentinas.

É uma liturgia onde quem participam são os voduns, para dar proteção ao seu vodunci. Uma festa onde se faz o Zandró à noite toda!

São vários os voduns que participam deste cerimonial como parceiros, como irmãos e como testemunhas. Entre eles Gu, Bessém, Iewá, Aizan, Sapatá, Badé, Sogbo e demais divindades ligadas à terra, ao fogo e também ao vulcão.

Dentro do palábo deste vodum são colocadas, dentre outras ferramentas, várias lanças e também elementos que representam as riquezas produzidas pela terra, como ferro, prata, estanho, ouro, pedras preciosas, raízes, favas etc. Ali são colocados, ainda, componentes de grande fundamento. Também faz parte deste uma pedra especial, chamada de "pedra de Ianguí". Formada pela lava do vulcão, é muito usada para as funções do Exu Ianguí (*Yangí*), da nação iorubá. Este Exu é o principal representante da laterita, que é uma espécie de rocha vermelha encontrada nas áreas mais quentes e úmidas do mundo, e que tem como seus elementos formadores principais o alumínio e o ferro.

As pessoas mais antigas do candomblé costumavam enfeitar o atinçá e o palábo de Sorroquê. Eram utilizados búzios, moedas, palha-da-costa, cabaças, ímãs, favas em profusão e também lindas talhas de madeira, para enfeitá-lo e para agradá-lo. Cremos que este mesmo procedimento ainda deve ser feito por muitas pessoas, nos dias atuais.

As casas de candomblé tinham por norma a construção em volta do local consagrado a Sorroquê de uma pequena cerca de ferro e, em volta desta, uma outra, feita de um tipo de madeira especialmente usada para suas funções. Esta cerca era toda amarrada com cipó, por mulheres que executavam essa tarefa cantando e rezando cantigas especiais para a ocasião.

As pessoas também tinham por hábito agraciar Sorroquê, toda vez que chegavam à casa de candomblé. As visitas, os amigos do terreiro e mesmo os filhos da casa traziam sempre para ele obís, orobôs e até mesmo acaçás. Sempre um agrado. Era uma forma de reverenciá-lo, de mostrar carinho e respeito, e para que Sorroquê o considerasse como amigo, e não como um intruso ou um estranho, naquela casa. Era costume, também muito utilizado nos dias atuais, o ato de jogar-se moedas em seu atinçá, invocando proteção e também pedindo licença (*essan*) para entrar na "sua" casa de candomblé.

Os animais de Sorroquê são especiais, e muitos até mesmo difíceis de ser encontrados, por isso, arrumar o palabo de Sorroquê é muito dispendioso e leva algum tempo até ser concretizado, pelas dificuldades apresentadas. Os animais e os alimentos consagrados a ele são entregues diretamente à terra, que é seu principal elemento na natureza.

Ter o palábo de Sorroquê numa casa de candomblé é a certeza de ter uma roça imunizada, protegida e próspera.

Sorroquê é uma divindade que gosta muito de ajudar ao ser humano, e que realiza com cuidado e prazer os pedidos que lhe são feitos. Sendo assim, devemos, por meio dele, pedir também a ajuda dos nossos ancestrais para termos dias melhores no mundo, pois essas forças poderosas existem para trazer benefícios e tranquilidade para a humanidade.

Muito justo e não gostando de traições e de falsidade, Sorroquê, se for bem tratado abre os caminhos e traz prosperidade, pois é chamado também de o "senhor do ouro". Falar somente de sua parte violenta e negativa, denigre e mancha o seu nome. Ele é um vodum como muitas outras divindades que, sempre quando necessário, tanto ajuda como castiga.

Se o homem precisar recorrer a ele e lhe pedir coisas boas e positivas, obterá, mas se, ao contrário, desagradá-lo ou ofendê-lo, poderá ter respostas negativas. O ser humano precisa pagar pelo que pediu e pelo que conseguiu. Por tudo isso, nos permitimos dizer que as divindades não podem ser penalizadas pelos desejos dos homens.

Em todas as nações de candomblé existem divindades que deveriam ser cuidadas por todos os iniciados da religião, independentemente de sua nação, tal a relevância, a utilidade e a importância que estas divindades têm para o ser humano. E Sorroquê é uma dessas divindades!

Os seguidores do candomblé deveriam procurar a ajuda da religião desde o nascimento de seus filhos, tentando assim ajudá-los e até mesmo atenuar certas dificuldades que o surgimento de alguma divindade possa proporcionar. Todos viemos ao mundo para ser feliz, porém, as dificuldades existem e, se podemos amenizá-las, devemos fazer tudo que estiver ao nosso alcance. E o candomblé nos proporciona isso!

É preciso que as pessoas tenham equilíbrio e responsabilidade ao convocar e invocar a ajuda de Sorroquê para ter uma boa vida, tanto física como religiosa.

CAPÍTULO 3

Nação Iorubá

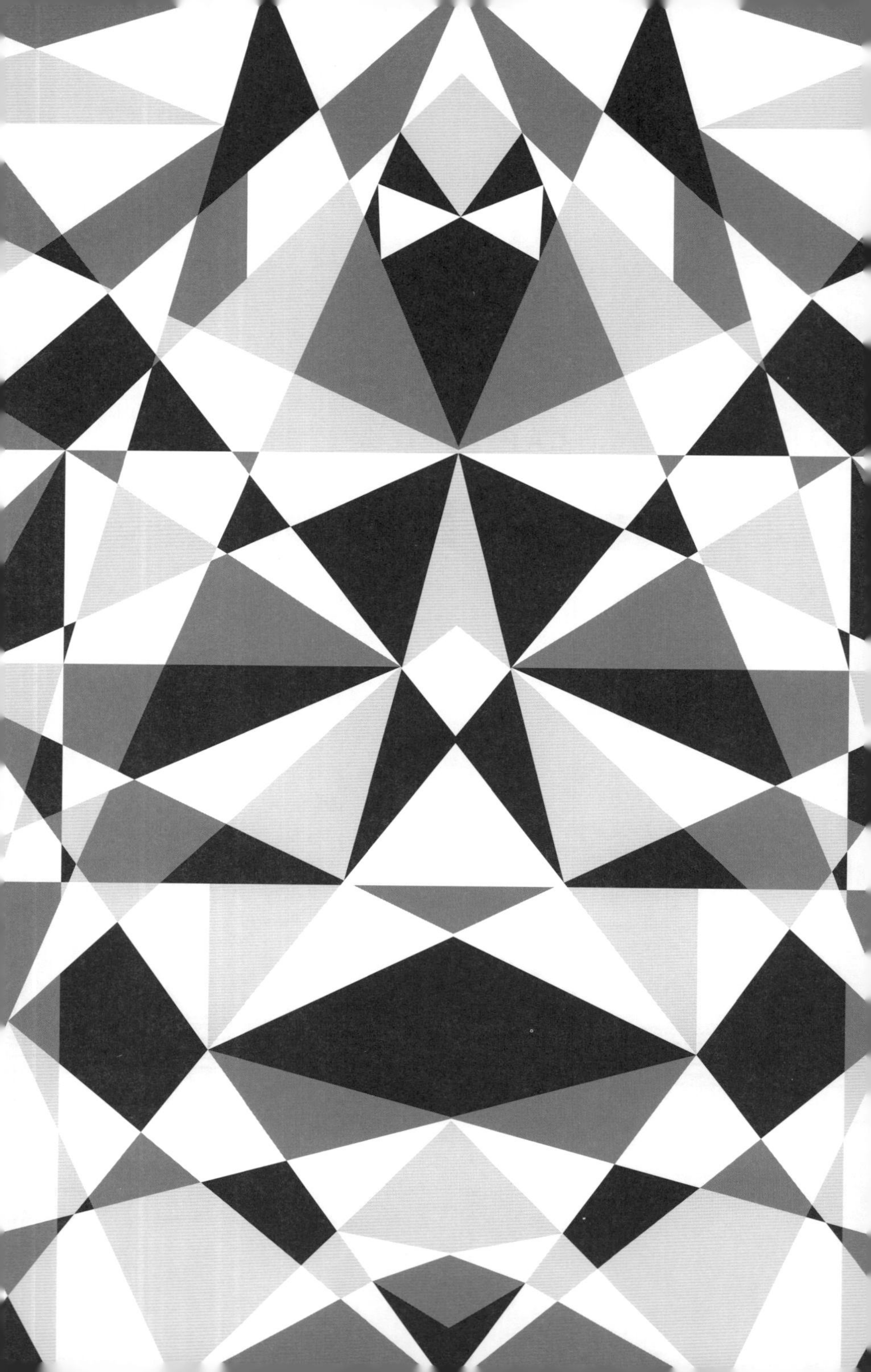

Com a grande proximidade entre as duas meganações, iorubá e fon, houve uma facilidade de inclusão de divindades em ambas, onde alguns voduns foram aceitos no panteão dos orixás, e alguns orixás foram aceitos no panteão dos voduns.

Como afirmamos no nosso livro "O candomblé bem explicado", assim como Sakpatá, também sua mãe Nã, seu irmão Bessém e sua irmã Iewa foram assimilados e bem aceitos pelo povo iorubá e pelo panteão dos orixás. O mesmo ocorreu com um vodum tão poderoso e rico como Sorroquê. Muito embora a nação iorubá já tenha, entre seus orixás, uma divindade que é considerada o "senhor da riqueza e do comércio", o orixá Babá Ajê Ṣaluga.

A nação iorubá recebeu e aceitou Sorroquê como divindade poderosa. Porém, devido a seu caráter violento, guerreiro e irrequieto, algumas casas de candomblé desta nação passaram a cuidar dele e a tratá-lo como se fosse um tipo de Ogum. Observando as suas características, notaram também sua forte ligação com Exu.

58 *vodum sorroquê*

O povo da nação iorubá passou então a chamá-lo de Ogum Xoroquê (*Sòròkè*). E uma das traduções, pelo dialeto iorubá, pode ser "o mago que grita na montanha", pois ele tem grande preferência pelas alturas, pelos montes (*òkè*).

E assim Sorroquê tornou-se uma divindade muito respeitada pelos iorubás, mas também muito temida pelo povo desta nação.

Algumas casas de candomblé iorubá possuem seu assentamento, procurando com isso trazer defesa, proteção e maior equilíbrio para o terreiro. Este assentamento geralmente encontra-se em local bem camuflado, só conhecido por pessoas especiais e que tenham conhecimento de saber como tratá-lo.

Com a evolução do candomblé, muito mais pessoas estão procurando resgatar saberes antigos, que são às vezes muito necessários para explicar aquilo que fazemos no presente. O ser humano não gosta de "fazer, por fazer"! Ele precisa compreender o que está ocorrendo. E no candomblé isso é mais necessário ainda porque estamos lidando com o sagrado, com o sobrenatural, e temos que estar bem preparados para agir corretamente na hora necessária.

Sabemos que na nação iorubá existem pessoas iniciadas para esta divindade, e que levam uma vida relativamente normal. Estas pessoas estão constantemente cuidando-se com ebós e liturgias especiais. Além de terem muito cuidado em sua conduta diária, para não permitir desestabilizações e encrencas em seu cotidiano.

Até mesmo porque pode ocorrer de estas pessoas sentirem-se envaidecidas do poder de sua divindade e criar certos comportamentos, ou até mesmo adquirir partes de sua personalidade. O que será completamente perigoso e muito incorreto!

nação iorubá

O mesmo cuidado é necessário quando nos terreiros o ambiente encontra-se desarmonioso, com brigas constantes, desentendimentos entre pais, filhos e irmãos. Muitas vezes isto ocorre por uma influência de Sorroquê, que precisa ser tratada para que a paz volte a reinar no Axé. Ele, quando bem posicionado, e numa casa de candomblé bem estruturada, só irá ajudar para que a tranquilidade e a prosperidade fluam muito bem.

CAPÍTULO 4
Árvores, folhas e frutas

As árvores, com suas flores e frutos, são elementos essenciais das florestas e também a residência de divindades sobrenaturais. No emaranhado de raízes e folhas, no âmago das matas, estão escondidos segredos milenares de ervas curativas e de árvores centenárias que, nas mãos de pessoas certas, ajudariam o ser humano a viver bem melhor. Dentre estas grandes árvores existem aquelas que são consagradas a receber o palábo de várias divindades. A cajazeira é uma das preferidas de Sorroquê, que aprecia também a jaqueira, o pé de fícus e uma árvore frondosa e própria de climas quentes, o ipê-roxo. Muitas casas de candomblé fon também costumam fazer seu palábo no pé de abiu, árvore de porte majestoso e cujos frutos possuem um travor e um visgo semelhante à cola.

Dentre as folhas prediletas de Sorroquê estão a cajarana, o arrorrô, a aroeira-vermelha (também chamada de aroeira-macho). E também uma folha que requer cuidados especiais no seu contato, que é a folha do cansanção-roxo.

Suas folhas possuem horário certo para ser colhidas. Antecedendo a sua colheita, que deve ser realizada por pessoas preparadas e feita com certos preceitos, é necessário o preparo de algumas liturgias para agradar a Agué, o senhor das folhas e das matas, pedindo licença a este para entrar em sua "casa".

Após a coleta, é necessário deixar que as ervas "descansem". Logo após, deve-se lavá-las bem e colocá-las de molho, para poderem ser usadas. Tudo que é direcionado para este vodum é cercado de muita limpeza, de muitos cuidados e de mistério.

Sorroquê aprecia muito certas plantas resistentes, que sobrevivem em ambientes inóspitos, com espinhos defensores, como o cacto e o mandacaru, plantas que só são encontradas em terras secas e muito quentes. São plantas fortes, que aguentam o calor do Sol e do chão, e que armazenam água no seu interior, possibilitando a sua sobrevivência.

Dentre suas frutas preferidas estão o limão, o cajá e o coquinho do dendezeiro.

CAPÍTULO 5
Comidas e bebidas

Quando existe a necessidade da casa de candomblé fazer oferendas a Sorroquê, as comidas que para ele são preparadas destinam-se somente a ele. Sorroquê não aceita dividir seus alimentos, portanto, suas comidas são feitas em quantidade direcionada somente a agradá-lo. Posteriormente, os demais voduns receberão as suas oferendas. Sorroquê exige exclusividade nestes momentos, e tudo é feito de forma a agradá-lo, para apaziguá-lo e acalmá-lo. As pessoas que fazem as comidas para Sorroquê precisam ter certos conhecimentos de como agir no seu preparo. Sorroquê não gosta da imobilidade, portanto, no momento da confecção dos seus alimentos ninguém deve ficar parado, sentado ou encostado pelos cantos. Todos, sem exceção, precisam ficar em constante movimento, porém em silêncio, sem perturbações ou em conversas fúteis. Esta é a sua linha de comando, a conduta exigida para ele receber seus alimentos em paz!

O local do fogão de lenha ou do fogareiro de carvão, próprios para fazer suas comidas na casa de candomblé, precisa ter uso restrito e estar fora da cozinha da comunidade, longe da visão geral. Tudo deve ser feito com muito esmero, limpeza e capricho.

Num estilo bem arcaico, seus alimentos, principalmente as carnes, precisam estar bem cozidas e saborosas. Feitas de forma que agradem a um soberano!

As mulheres preparam as suas comidas de acordo com o seu paladar. Porém, no momento da imolação de seus animais elas não participam, de forma alguma, nem mesmo as donés. Somente homens preparados para esta ocasião, e pertencentes à hierarquia da casa, ou convidados especiais, fazem parte deste ritual.

Esta liturgia só pode ocorrer em dias quentes, com a presença do Sol, e sem a ocorrência de chuva, visto que este vodum é pertencente ao elemento fogo, ao calor da vida.

Os utensílios que participam das imolações para Sorroquê são individuais, e só devem ser manuseados por pessoas preparadas para a ocasião. Após o uso, estes elementos são lavados, secados e guardados separados dos demais utensílios da casa de candomblé.

Um dos locais de preferência para a entrega de seus presentes pode ser nas tronqueiras, os portões das grandes e antigas fazendas. Estes são locais de concentração de plantação de cereais, de criação de gado, símbolos da prosperidade do homem que trabalha na terra.

Suas iguarias são muito ricas e muito diversificadas. Dentre várias, podemos citar como comidas de sua preferência: acaçá (mavé, na nação fon); canjica; farofa amarela, cozida, temperada com pimenta e óleo de dendê; milho torrado; uma farofa feita com fubá, que deve ser muito bem torrado, lentamente; buburu de milho vermelho; abará.

Gosta muito de raízes, como aipim (mandioca) cozido; inhame assado no braseiro; aprecia batata-doce, beterraba. Adora o milho verde pilado, preparado em forma de pamonha, e envolvido na palha do milho.

Evitamos ensinar o preparo de comidas para Sorroquê porque este vodum exige certos preparos muito arcaicos e até mesmo muito complicados. Aqueles que quiserem maiores esclarecimentos, devem pesquisar mais profundamente ou buscarem ensinamentos com as pessoas mais velhas da religião. Como exemplo podemos citar uma farofa muito apreciada por ele, feita com aipim (mandioca) ralado, que deve ser secado durante vários dias e depois torrado com outros elmentos. Um pouco complicado, não?

Sorroquê gosta muito de bebiba (arruã, na nação fon), e a sua preferida é o gin, bebida destilada, feita com grãos. Aprecia também um tipo de bebida muito forte (achacá), feita com aguardente, e onde são colocadas folhas de fumo, *ossum*, *wáji*, atarê socado, ervas etc. e deixada em infusão vários dias. Esta bebida também é muito usada em suas variadas liturgias. Uma outra aguardente especialmente feita para ele também recebe raízes especiais, favas, ervas secas, frutas etc., existindo ainda um aruá feito especialmente para ele.

Aprecia ainda, como os demais voduns, um cachimbinho (azocrê/zocré), cujo fumo é preparado com ervas secas e especiais para seu uso. Na entrega dos seus presente, este cachimbo é aceso e colocado ao lado.

Sorroquê também aprecia os locais muito movimentados, como as grandes festividades, dentre elas os rodeios e as vaquejadas. Neste lugares existem muitas variedades de alimentos, de bebidas, alegria, música, movimento de pessoas e também animais, como bois e cavalos.

CAPÍTULO 6
Animais

Os animais ofertados a Sorroquê não são muito comuns e costumam ser até bem dispendiosos e difíceis de encontrar. Por conta disso, atualmente, em algumas casas de candomblé os sacerdotes dão preferência a bois, porcos, pombos, galos de cores fortes ou a variados tipos de pássaros. Mas isto só ocorre quando o vodum aceita a troca.

Um outro animal de sua preferência é o calango-do-sertão, um tipo de lagarto que vive em terras desérticas. Este animal simboliza a rusticidade e a dificuldade de viver e de sobreviver em ambiente tão hostil.

Na África, o cachorro-do-mato é um animal consagrado a ele.

Um dado interessante que coletamos é que a grande maioria das casas de candomblé não tem por costume presenteá-lo com galinha-d'angola (conquém). A explicação para este motivo é que esta ave é geralmente usada para a iniciação na religião, e ofertá-la a Sorroquê seria colocá-lo no mesmo nível do vodum da pessoa.

74 *vodum sorroquê*

A representação desta divindade, pela sua personalidade belicosa e truculenta, e por sua extrema velocidade, encontra-se na pantera negra e no guepardo. Estas são feras perigosas, vorazes e velozes, que permanecem na espreita, agindo com cautela e de modo sorrateiro.

Possui um simbolismo com o condor, uma das maiores aves do mundo, ágil, poderosa e linda. O anu, o condor, o melro, o carcará são algumas aves também consagradas a Sorroquê, por suas cores, pelo tamanho, pela agilidade e pela agressividade na luta pela sobrevivência.

CAPÍTULO 7
Sorroquê
tem ligações importantes com divindades poderosas

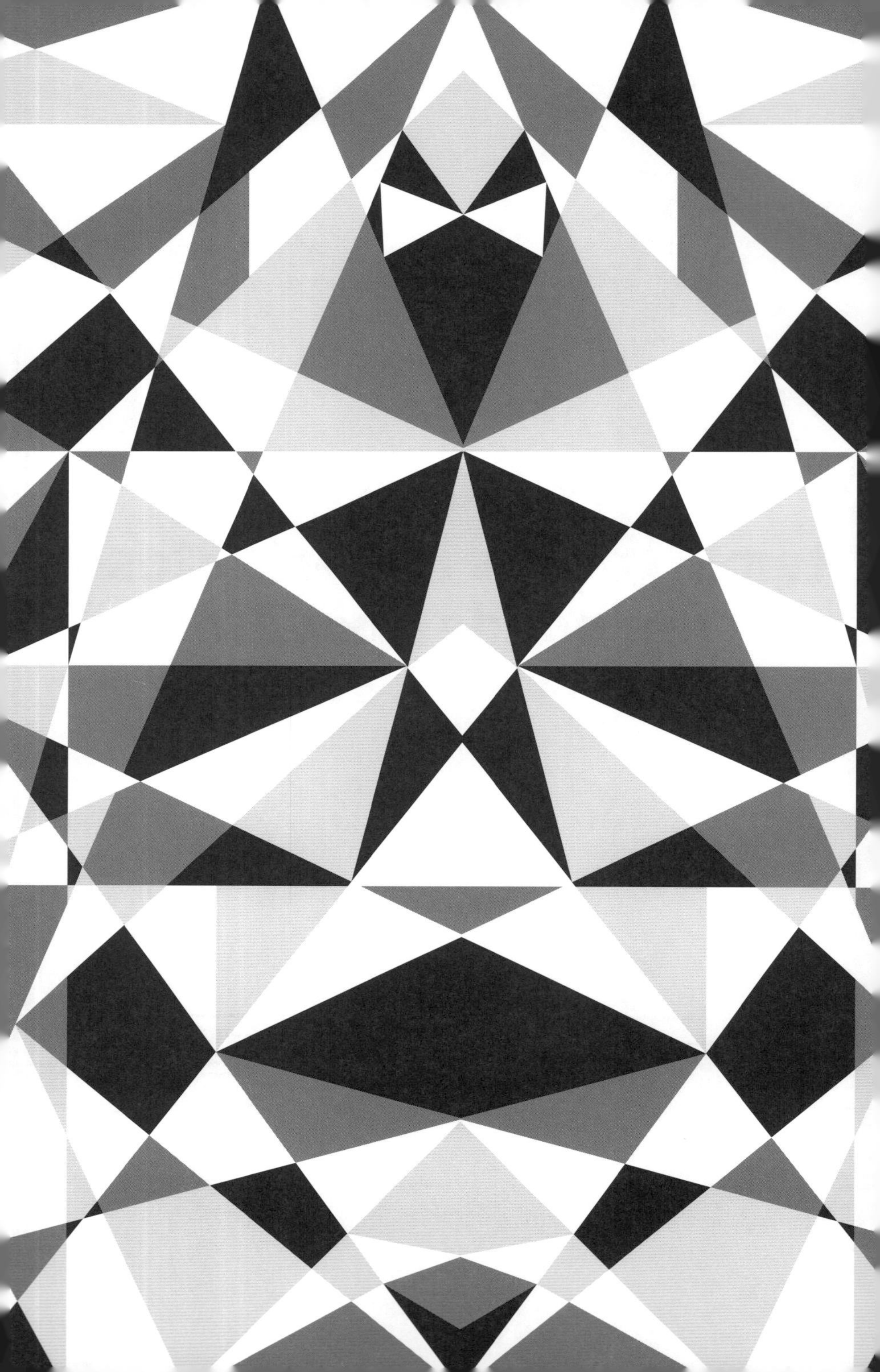

Existem algumas divindades cujos cultos não conseguiram chegar ao Brasil, ou que aqui chegando foram professados em recintos secretos e fechados, pelos próprios africanos. E ficaram completamente desconhecidos por muitos da religião, durante anos. Para algumas pessoas isso ocorre até nos dias de hoje!

Muitos cultos, saberes e ensinamentos sobre certos orixás, voduns ou inquices não conseguiram chegar até nós. Sacerdotes, grandes erveiros, velhos babalaôs, os grandes conhecedores da cultura africana, os verdadeiros possuidores dos segredos dos itãs, pereceram de doenças, de fome, de maus-tratos, como escravos, nos porões impiedosos dos navios-negreiros. Grandes sábios, grandes "livros ambulantes", sucumbiram, morreram nos caminhos marítimos!

Mas com o tempo, e com a necessidade de mais saber, muitas pessoas, como historiadores, estudiosos, sacerdotes/sacerdotisas, iniciados, academicistas, tentam resgatar o que é possível. Em alguns casos, ainda está sendo possível resgatar-se certos cultos e conhecimentos bem assemelhados com os saberes da África antiga. Outros, pela necessidade, pela inteligência e pela perspicácia do povo do candomblé, acabaram sendo integrados aos cultos no Brasil, mas sempre procurando aproximar-se, dentro de cada circunstância, o mais possível dos ditames africanos.

Muitos saberes perderam-se sobre vários orixás, como Airá, Aganju, Oxóssi, Erinlé, Odudua, Ajê Ṣaluga, Babá Salé. O mesmo ocorreu com o inquice Intoto, de quem se possui poucos ensinamentos. E também com alguns voduns, como Sogbo, Ajansu, Abê, Abotô e, entre eles, Sorroquê.

Porém, não vamos entrar no mérito de cada uma destas divindades; neste livro só nos interessa aprofundarmo-nos o melhor possível nos conhecimentos sobre Sorroquê.

As ligações entre voduns, orixás e inquices é muito comum, o mesmo ocorrendo nas casas de candomblé. A aparição de uma divindade diferenciada num terreiro pode ocorrer em qualquer nação, por exemplo, um orixá ou inquice pode surgir numa roça fon, ou vice-versa. A necessidade de união dos africanos no Brasil, produziu essa interação, que perdura até os dias de hoje. E que é muito saudável!

Sorroquê possui culto e características próprias, mas estas se aglutinaram com a cultura de Legba e de Gu, o que acabou ligando-os profundamente.

Por ter grande entrelaçamento com a magia, com o feitiço e com as florestas, Sorroquê sintoniza-se intensamente com alguns dos seus moradores poderosos. Dentre eles os Oxôs, os **representantes do poder místico masculino**, e com as Iyámis, as **representantes absolutas do poder místico feminino**, divindades do povo iorubá. Estas divindades são temidas por provocarem instabilidades, desajustes e desarmonias, tal como Sorroquê em seus domínios.

Sorroquê relaciona-se com Agué, divindade do povo fon que responde pelas matas, pelas folhas, pela cura, ligado a todos os moradores das florestas e um poderoso defensor das matas.

Por ter seu culto realizado na terra, Sorroquê tem grande ligação com Sakpatá, vodum que dá nome a uma família, ligada à terra e ao ar. Sakpatá é muito respeitado pelo seu grande poder. Além de ser chamado de "o dono da terra" (*Ayinon*), sendo o responsável pela terra em que pisamos, e de onde viemos e para onde retornaremos ao fim de nossas vidas, é também o senhor que cria e que traz a cura das doenças contagiosas. Considerado o "senhor da quentura", tem o meio-dia como seu horário especial e o momento em que mostra seu maior poder e força. Divindade muito reverenciada pelos savalunos, povo fon da cidade de Savalu. É chamado, pelo povo iorubá, de Xapanam (*Sòpónná*), e é divindade que não "desce" às cabeças dentro destas nações.

Pela sua primitividade, Sorroquê aproxima-se também de Missim (*Nã*), a grande mãe do povo fon, ligada à lama sagrada que modela a vida, e uma divindade dos primórdios, assim como ele.

Liga-se com Aizan, poderosa divindade feminina, ancestral da nação fon, que controla e comanda os movimentos da crosta terrestre – a camada espessa e externa que cobre a terra –, e também aos Kaviúnos, os voduns da terra.

Por estar intrinsecamente ligado à magia e às árvores, relaciona-se muito bem com Iroko.

O vento é seu aliado para manter o calor do fogo, e por isso ele precisa da união com a vodum Ijó, a senhora dos ventos.

Liga-se também com Oyá Padá, orixá das tempestades e dos ventos, que é também muito respeitada pela nação fon, sendo cultuada no "campo santo" (cemitério) e também nos rituais do Sirrum, do povo fon, e nos Axexês, do povo iorubá.

Considerado como o "guardião de Dan", liga-se também à Iewá, a senhora da transmutação, da modificação, representante legítima da cor branca do arco-íris. Por esta ligação, considera-se necessário que o sacerdote iniciado de Bessém tenha uma parceria muito fiel com Sorroquê.

Uma de suas principais ligações é com a família Heviossô/Keviossô, os ji-vodum, "voduns do alto" (dos trovões e dos raios), ligados também ao elemento fogo. Estes voduns estão direcionados às grandes catástrofes que surgem do calor do centro da Terra, sendo então ligados ao magma dos vulcões. É por meio deste calor excessivo que a terra produz e expele o petróleo, o famoso "ouro negro da terra", uma das maiores riquezas que a natureza nos fornece.

Por meio desta sua ligação com os elementos da família Heviossô, ele também está muito próximo ao orixá Aganju, da nação iorubá.

Interliga-se com o vodum Possu, a divindade chamada de "o coveiro", que todos consideram como aquele que cava a terra quando esta vai receber um "novo habitante". Esta junção de Sorroquê com Possu deriva do fato de Sorroquê estar conectado também ao elemento terra e ao seu interior.

Orixá Okô está ligado à agricultura, aos grãos, às raízes que surgem das profundezas da terra para alimentar o homem. Para esta produção tem a ajuda de Sorroquê, pela proximidade de ambos com a fartura e com o progresso.

Sorroquê possui grande ligação com a ancestralidade do povo iorubá, como Babá Egum e Iku, a morte, pela sua senioridade. E também pela sua responsabilidade em responder diretamente pelas mortes que acontecem nas vias exteriores, como linhas férreas, viadutos, estradas, ruas.

Dizem nossos antigos que as lendas mostram que Sorroquê surge da profundeza do magma espontaneamente, com uma força avassaladora e que vem exterminando tudo que encontra pela frente. Será este o motivo de ter a sua personalidade tão irada, tão "quente"?

CAPÍTULO 8
Ebós

OBSERVAÇÕES IMPORTANTES

Estes ebós que vamos ensinar estão sendo escritos com a permissão e a determinação do vodum Sorroquê.

São ebós para situações mais leves. Muitos indicados para amenizar, para clarear o dia a dia das pessoas, outros servem para dar estabilidade, para trazer defesa, para limpeza corporal ou de estabelecimentos/residências.

As pessoas não iniciadas no candomblé precisam procurar a ajuda de um sacerdote para ajudá-las na confecção dos ebós para Sorroquê. E mesmo os iniciados, seja da nação fon, iorubá, nagô-vodum, efã, bantu e demais grupos, precisarão também seguir certas regras, e não deverão ser ousados perante esse vodum.

Uma casa de candomblé que não tenha o palábo de Sorroquê, o melhor a fazer é entregar seus presentes na rua (encruzilhadas, estradas etc.).

Já a casa de candomblé que tiver o palábo de Sorroquê, deve ofertar neste local os presentes destinados a ele.

Nessas casas costumam existir pessoas especializadas em preparar seus alimentos e, geralmente, elas estão entre as mais idosas e/ou as mais antigas participantes da casa de candomblé (os alimentos ofertados no atinçá não são retirados, pois a própria natureza se encarrega de destruí-los).

Existem ebós que não estão nesse livro porque são pertencentes aos "segredos de fundamentos da religião". Alguns são muito fortes, mantidos em sigilo pelos elementos que levam, e também porque só podem ser feitos por sacerdotes ou por pessoas especialmente preparadas para essas ocasiões. Aqueles que tiverem interesse em aprender mais sobre esse assunto, ou necessidade de tratar-se, devem procurar maiores informações com sacerdotes que tenham conhecimento sobre esses saberes.

LEIA COM ATENÇÃO!

1) Nunca faça um ebó para Sorroquê aletoriamente; só recorra a ele em momentos de grande necessidade. E sempre seguindo o ditado: pediu, ganhou... PAGOU. E logo!
2) As mulheres devem estar sempre acompanhadas por um homem ao levar oferendas para Sorroquê, mantendo a cabeça coberta com um ojá branco.
3) Um dia antes de entregar o ebó a pessoa deve fazer um resguardo sexual e não ingerir bebidas. Antes da entrega, tomar um banho com as folhas do seu orí.
4) Sempre que fizer um ebó de limpeza, para afastar as negatividades, alguns dias após deve-se consultar o oráculo e fazer um ebó para "levantar" a positividade. Deve-se, após a limpeza, chamar a prosperidade!

5) Nos presentes, as bandeiras brancas colocadas representam o divino, o sagrado, mas traduzem também um pedido de paz, de trégua, de ajuda.
6) Ao fazer suas oferendas para Sorroquê, as pessoas devem sempre pedir também ajuda para a humanidade, para o mundo, pois quando ocorrem as catástrofes todos perdemos e sofremos.

Para abertura (ou limpeza) de uma casa de candomblé

(Deve ser feito de preferência em uma segunda-feira, em Lua Minguante ou Nova, após as 15 horas.)

Material necessário

Um alguidar n.º 6
Um pedaço de pano estampado
Um obí e um orobô
Um bife de fígado, bovino, cru, picado
Um pedaço de bucho, bovino, cru, picado,
Um coração bovino, cru, picado
Uma cebola ralada
Óleo de dendê (sinvó, na nação fon)
Sete pedaços de talo de bananeira
Uma espadinha pequena, de madeira (± 8 a 10cm)
Um inhame-cará ou inhame-do-norte, lavado, cru
Um frango carijó
Sete acarajés
Um acaçá (mavé, na nação fon) branco
Sete ovos vermelhos

Como fazer:

Forre o alguidar com o tecido. Jogue o obí e o orobô para pedir permissão para Sorroqüê. Coloque no alguidar. Misture o fígado, o bucho, o coração, a cebola, o óleo de dendê e uma pitada de sal e ponha por cima do obí e do orobô. Enfeite nas laterais com os talos de bananeira. Enfie a espada, com o cabo para cima, no centro, e ponha o inhame. Passe o frango pela casa, pedindo para cortar discórdia, guerras, feitiços, olho-grande, os atrapalhos, as confusões e faça a imolação do frango em cima. Arrume o frango inteiro no ebó e coloque a faca do corte na lateral do alguidar, bem escondida. Arrume por cima os acarajés, com o acaçá no centro. Enrole e leve para o alto de um morro. Quem for entregar, passar sete ovos no corpo e colocar em volta do alguidar, pedindo para tirar as brigas, os atrapalhos, as confusões (a pessoa que for levar o ebó deverá ir acompanhada por um ogã).

Na volta, passar um defumador, de fora para dentro, com mirra, incenso, benjoim e açúcar mascavo na casa de candomblé e nas pessoas.

Banho para depois da entrega do ebó: sete folhas de peregum, aroeira e saião. Macerar as folhas com água. Coar. Tomar o banho normal e depois jogar este banho do pescoço para baixo. Não se enxugar e vestir roupas claras. As sobras, colocar numa árvore.

Após esse ebó, a casa de candomblé deve oferecer comida a Sorroquê durante 7 terças-feiras: besuntar um inhame com óleo de dendê e assar num braseiro. Após cozido cortar ao meio, colocar num alguidar forrado com milho vermelho torrado e cercar com sete mavés brancos e sete vermelhos. Coloque uma bandeira branca e uma vermelha em cada pedaço do inhame. Mastigue sete atarês e barrufe por cima do inhame.

Passeie com o presente pela casa toda, fazendo seus pedidos a Sorroquê, em nome de Gu, de Legba e de todos os voduns, pedindo para trazer paz, defesa, tranquilidade, harmonia, prosperidade para a casa de candomblé. Coloque em cima de um muro e só retire na entrega do próximo presente.

IMPORTANTE: não pode deixar de fazer um dia, senão haverá quebra do preceito.

Use roupas claras, cabeça coberta com ojá branco. Procure fazer este presente usando toda a sua fé, e com seu coração puro e sem mágoas, sem ressentimentos.

Banho para antes de entregar o inhame: muquiar folhas de macaçá, amor-do-campo, uma folha de bilreiro e misturar um pouco de mirra. Deixe descansar algumas horas e coe. Após o banho diário, jogar este banho do pescoço para baixo.

Todo dia, após cada presente, fazer um defumador de fora para dentro: misturar sete nozes-moscada raladas com *efum* ralado, urucum em pó e aridam ralado.

PRESENTE PARA AIZAN

Quando uma casa de candomblé faz suas grandes festividades ou grandes obrigações temporais, é sempre necessário "dar ciência" e prestar reverência à algumas divindades, para que as liturgias sagradas transcorram em perfeita paz e harmonia.

Isso ocorre primordialmente com Aizan, nosso grande ancestral dona da terra que nos alimenta. Antes de homenagear Sorroquê e os demais, e de começar as funções da casa de candomblé Aizan, é o primeiro vodum a ser presenteado.

Elementos:

1 cabaça grande, cortada na horizontal
9 palmos de morim branco
9 ovos vermelhos
9 acarajés
9 búzios, abertos
9 ecuruns, pequenos
9 velas pequenas
1 moeda de cobre, 1 dourada e 1 metalizada
9 bolas de farinha (com óleo de dendê)

Coloque o morim dentro da cabaça e por cima arrume todos os demais ingredientes. Se quiser, passe simbolicamente esse presente em todos na cerimônia, e passe também por toda a casa. A seguir, cubra a cabaça com a outra metade cortada e entregue no atinçá de Aizan, sempre precedido por cânticos, rezas e saudações especiais para esta ocasião. Acenda as velas ao redor. Se, por acaso, na casa de candomblé não existir o atinçá de Sorroquê o presente deve ser levado para o interior de uma mata limpa e enterrado em um buraco profundo, próximo a uma árvore que seja da predileção de Aizan.

EBÓS PARA VARIADAS SITUAÇÕES

1) Para limpar uma casa que se encontra em desarmonia, desestruturada

Material necessário

1 pedaço de cana-de-açúcar
galhos de vassourinha-do-mato
água misturada com gotas de baunilha
pedaço de pano branco
mariô desfiado

Como fazer:

Formar com os galhos uma vassoura e varrer a casa toda, acompanhado por uma pessoa que venha por trás e que borrife o chão com a água e a baunilha. Leve a sujeira até o portão e lá quebre a vassoura. Corte a cana em sete pedaços, do lado de fora do portão. Em cada pedaço que for cortando vá pedindo para Sorroquê tirar a discórdia, a desarmonia, as brigas, o desequilíbrio, que afaste a morte, as doenças etc. Enrole os pedaços da cana no pano branco, junto com a vassoura quebrada e, a seguir, enrole tudo no mariô desfiado. Procure um matagal bem afastado e jogue esse ebó.
    Ao retornar tome um banho com a água da canjica cozida.

2) Cortar feitiços, injustiças, tirar as confusões (Iorogum) da vida da pessoa

Material necessário:

1 pote pintado de branco (*efum*)
1 pedaço de pano branco
21 ovos
21 agulhas finas
1 orobô, sem a película
mel
milho vermelho, lavado e torrado
1 quilo de canjica cozida
7 bandeiras brancas, pequenas

Como fazer:

Limpe simbolicamente o corpo da pessoa com o pano e coloque este dentro do pote. Passe também cada ovo na pessoa e transpasse-o com uma agulha, pedindo a Sorroquê que leve os feitiços, as injustiças etc. e ponha no pote, passando também o orobô. Regue tudo com mel, ponha o milho vermelho torrado e cubra com a canjica. Leve para um local alto, bem arborizado e finque em volta do pote as sete bandeirinhas.

3) Para tirar a ira, a violência; ajudar pessoas com problemas de bebidas alcóolicas e/ou dependência química

Este ebó serve para cortar o negativo, ou vícios, que certas pessoas têm, o que as torna antissociais, brutais e arrogantes.

Material necessário

1 saco preto
1/2 kg de fissura de porco
9 acarajés
9 ovos de galinha, inteiros, crus
9 bolas de farinha-de-mandioca
9 velas pretas
1 orobô, sem a película
7 metros de corda de sisal
1 muda de roupas limpas

Como fazer:

Levar a pessoa com uma roupa velha a um morro com cupinzeiros e procurar o cupinzeiro mais alto. Passar o saco preto no corpo da pessoa e colocá-lo no chão. Passar a fissura, simbolicamente, no corpo, assim como os demais ingredientes, e ir colocando dentro do saco, um por um. Amarrar o saco com a corda de sisal no cupinzeiro, desde o topo do saco até a base do cupinzeiro, pedindo a Sorroquê que tire a ira, a violência, a arrogância, que ajude a eliminar a bebida, os vícios e outras negatividades. Rasgue a roupa da pessoa e queime-a. Após a queima total, vista a pessoa com uma roupa limpa.

   Ao chegar em casa defume as pessoas participantes do ebó com um defumador feito com camomila e benjoim.

A seguir, um banho preparado com folhas de peregum, macaçá e colônia bem maceradas em dois litros de água. Coar e jogar esse banho desde a cabeça. Aguardar alguns minutos, sem secar, e vestir roupas claras.

   Sete dias após fazer esse ebó de limpeza, o ideal é que consulte-se o oráculo e faça um ebó para positivar a pessoa.

4) Para ajudar pessoas que provocam discórdia onde chegam, que têm "cabeça de confusão" (tá Iorogun),

Material necessário

1 alguidar, médio
21 ovos
21 pregos bem fininhos, virgens
1 metro de pano branco
7 acarajés
7 mavés (acaçás)
açúcar mascavo
7 pimentas malagueta
semente de girassol
alfavaquinha
alecrim-do-campo
arruda-macho (ou peregum)

Como fazer:

Forre o alguidar com o pano. Segure um ovo na mão esquerda e um prego na mão direita. Enfie vagarosamente o prego no ovo, pedindo que Sorroquê corte as brigas, as confusões, as discórdias etc. Faça o mesmo com os 21 ovos e vá passando cada um simbolicamente pelos olhos, ouvidos, nariz, boca, até os pés. Vá colocando-os no alguidar e, ao findar, enrole o pano e cubra tudo com o açúcar. Enfeite com as pimentas. Despache em local alto e rochoso, sempre fazendo seus pedidos.

Na volta, ao chegar em casa tome o seu banho diário. A seguir, um banho macerado de alfavaquinha, alecrim-do-campo e arruda-macho em dois litros de água (se você tiver problema em usar a arruda, substitua pelo peregum). Coe e jogue do pescoço para baixo. Passe na pessoa e na casa um defumador feito com açúcar mascavo e sementes de girassol.

5) Para afastar pessoas inconvenientes do seu caminho (inimigos, um amor problemático); para trazer defesa, abrir caminhos etc.

Material necessário

1 alguidar, médio
1 inhame-do-norte ou inhame-cará
7 pedaços de aipim (macaxeira)
7 mavés (acaçás) vermelhos
7 acarajés
óleo de dendê
7 pimentas-da-costa
1 passarinho
milho vermelho torrado
feijão fradinho torrado
gim
vinho branco
noz-moscada ralada

Como fazer:

Faça resguardo sexual um dia antes e guarde resguardo 24 horas após. Este ebó também é muito bom para problemas de saúde.

    Asse o inhame inteiro e os pedaços de aipim num braseiro, sem cozinhar demais. Coloque o inhame no centro do alguidar e enfeite ao redor com os pedaços de aipim, os mavés e os acarajés. Regue com o óleo de dendê e faça seus pedidos a Sorroquê. Se tiver condições, o ideal é levar para um cruzamento de linha férrea e colocá-lo no chão de terra, ao lado do trilho. Pode ser colocado também em uma estrada bem movimentada, ao lado do meio-fio, ou embaixo de uma árvore bem copada e frondosa. Passe o passarinho em seu corpo e solte-o. Peça à pessoa que está lhe acompanhando que passe o milho e o feijão no seu corpo, sempre pedindo tudo que deseja a Sorroquê. Lave as mãos e os pés com um pouco de gim e derrame o restante em volta do presente.

Ao chegar em casa tome seu banho diário e a seguir um banho feito com uma mistura de dois litros de água, um pouco de vinho branco e noz-moscada ralada, do pescoço para baixo.

6) Para acalmar marido, filho ou amigo agressivo, descontrolado, turbulento

Este preceito é muito bom para ajudar mães e pais que sofrem com a ira ou com a irresponsabilidade de filhos que, muitas vezes, sem saber, estão sob a influência de Sorroquê.

Material necessário

1 alguidar branco
folhas de abre-caminho
farinha-de-mandioca, crua
mel e melado
1 coração de boi, inteiro e cru
meio quilo de canjica cozida, bem catada
1 bandeira branca e uma azul
1 faca de madeira

Como fazer:

Forre o fundo do alguidar com as folhas de abre-caminho. Torre vagarosamente a farinha de mandioca, sem deixar queimar. A seguir acrescente o mel e uma pitada de sal, fazendo uma farofa bem úmida. Desligue, deixe esfriar e coloque dentro do alguidar. Unte o coração de boi com um pouco de melado e coloque dentro dele um papel com o nome da pessoa. Ponha o coração, com o bico para baixo, em cima da farofa. Coloque em volta dele a canjica cozida, de modo a cobrir até a metade o coração. Finque as bandeiras no coração e regue com bastante melado. Enfie no meio do presente a faca de madeira. Leve para um local alto, coloque embaixo de árvore frondosa e ofereça a Sorroquê, pedindo a ele que abrande e acalme a pessoa (falar o nome). Eleve seu pensamento ao poder supremo e peça ajuda.

Procure ir vestido/a com roupa branca, e sempre acompanhado de um homem. A mulher deverá estar usando ojá.

Sorte, sorte, sorte!

7) Para cortar guerras, feitiços, brigas, desentendimentos entre pessoas

Material necessário

1 alguidar pintado de branco (*efum*)
½ kg de canjica cozida
1 coco seco, pintado de *efum*
1 bandeira branca
7 mavés (acaçás) brancos
8 bandeiras brancas

Como fazer:

Coloque a canjica cozida no alguidar, com o coco no centro. Abra um buraco no coco e coloque nele uma bandeirinha. Rodeie com os mavés e finque nestes as demais bandeiras. Polvilhe o presente com *efum* e leve para entregar a Sorroquê em local alto, embaixo de uma árvore, ou coloque em uma estrada de subida. Boa sorte!

8) Ebó para afastar influências negativas de doenças

Material necessário

1 alguidar pintado de branco (*efum*)
9 palmos de morim vermelho
9 acarajés fritos no óleo de dendê
9 ovos vermelhos, de galinha de quintal
9 ecurus
9 mavés (acaçás) vermelhos
9 bolas de farinha de mandioca
9 velas vermelhas
9 búzios
açúcar mascavo

Como fazer:

Faça este ebó fora de casa, embaixo de uma árvore, de preferência na mata.

Ao fazer as bolas de farinha de mandioca, acrescente um pouco de óleo de dendê.

Passe o morim pelo corpo da pessoa, de cima para baixo e coloque no alguidar. Vá passando os demais elementos, na ordem acima. Abra um buraco no chão, com uns três palmos de fundo, enterre o ebó e cubra com o açúcar mascavo. Acenda as velas e vá pedindo para Sorroquê tirar as doenças, as negatividades etc. (cuide para que as velas acesas não fiquem próximas ao mato ou à raiz das árvores, para não provocar destruição da natureza).

Se a pessoa estiver com alguma doença, é necessário que tenha também um acompanhamento médico; um complementa o outro. Passados 15 dias da feitura do ebó, o ideal é que a pessoa procure um sacerdote de sua confiança e consulte o jogo de búzios, para ver a necessidade de novas liturgias.

9) *Para limpar os caminhos, cortar as barreiras que impedem o sucesso, tirar as negatividades*

Material necessário

1 alguidar pintado de vermelho (*ossum* ou urucum em pó)
7 ovos vermelhos, de galinha de quintal
7 búzios
7 orobôs, sem a película
1 quilo de feijão mulatinho catado, lavado e torrado no óleo de dendê
1 mavé (acaçá) vermelho
1 mavé (acaçá) branco
1 bandeira branca
1 bandeira vermelha

98 *vodum sorroquê*

Como fazer:

Este presente também tem ligação com Aizan.
Procure uma estrada bem afastada e faça no local este ebó. Coloque de preferência em uma trilha da estrada, embaixo de árvore frondosa, e faça os seus pedidos. Passe os ovos no corpo, do umbigo para baixo, principalmente nos pés, e coloque no alguidar. Faça o mesmo com os búzios e os orobôs. Cubra tudo com o feijão torrado e coloque por cima os mavés, fincando em cada mavé uma bandeira.

10) Para ajudar a afastar pessoa dos vícios, das perseguições de inimigos

Material necessário

1 pote de barro, médio, sem tampa
1 pedaço de pano vermelho
7 mavés (acaçá) branco
7 mavés (acaçá) vermelho
7 ovos vermelhos
7 pedaços de bucho, crus
7 pedaços de fígado de boi, crus
canjica cozida
farinha-de-mandioca
mel
óleo de dendê
7 orobôs, sem a película
fios de palha-da-costa

Como fazer:

Faça este ebó na parte da manhã de um dia ensolarado. Passe simbolicamente o pote pelo corpo da pessoa. A seguir, passe os mavés, os ovos, o bucho, o fígado e coloque no pote. Misture a farinha com uma pitada de sal, um pouco de mel e dendê e faça uma farofa com as mãos, não deixando que fique muito úmida. Passe na pessoa e ponha no pote, cobrindo tudo com a canjica, até chegar à borda. Passe os orobôs no corpo, fazendo os pedidos a Sorroquê, e ponha em cima da canjica.

Feche a boca do pote com o pano vermelho e amarre com os fios de palha-da-costa. Leve para o alto de uma colina ou de um morro e ofereça a Sorroquê.

Após alguns dias consulte o jogo de búzios para verificar se é ncessário dar continuidade, com mais alguma liturgia.

11) Para defesa e proteção daqueles que trabalham nas estradas, nas ruas (taxistas, caminhoneiros, motoristas de ônibus, motoqueiros etc.)

Material necessário

1 alguidar branco (pintado com *efum*)
1 pedaço de pano azul
7 bandeirinhas brancas, de morim
21 mavés (acaçás) brancos
farinha de mandioca
ossum, *efum* e *wáji*

Como fazer:

Vista-se de branco para fazer a entrega. Prepare um pirão bem cozido, de consistência bem firme, com um pouco de farinha de mandioca, água e uma pitada de sal. Forre o alguidar com o pedaço de pano e ponha por cima o pirão. Deixe esfriar e coloque os mavés. Finque as bandeiras e polvilhe com *ossum, efum* e *wáji*. Leve para uma estrada, de preferência no sentido da subida, e coloque embaixo de uma árvore, fazendo ali seus pedidos a Sorroquê. Sucesso!

12) Cesto para ajudar a trazer prosperidade, alegria e harmonizar a sua casa ou seu comércio

Material necessário

1 cesto
folhas de mangueira
folhas de são-gonçalinho
frutas variadas
7 mavés (acaçás) brancos
7 pimentas-da-costa
óleo de amêndoa doce
gim
1 bandeira branca, do seu tamanho

Como fazer:

Forre o cesto com as folhas. Lave as frutas, corte-as em quatro e coloque por cima das folhas, enfeitando com os mavés. Regue com um pouquinho de óleo de amêndoa doce e, a seguir, ponha as pimentas. Leve o cesto para um local alto, limpo, em uma mata. Coloque-o no ombro e vá pedindo a Sorroquê que lhe traga prosperidade, harmonia, tranquilidade, que ative sua auto-estima, lhe defenda, guerreie por você etc. Ponha em cima de uma pedra, finque a bandeira ao lado do presente e regue em volta com o gim. Ajoelhe-se, bata um "paó" e peça que ele esteja sempre lhe defendendo, lhe trazendo paz e alegria. Diga a Sorroquê que você é pequeno, que o poderoso na sua vida é ele!

13) Para trazer progresso e movimento para o seu comércio, sua casa e para o seu dia a dia

Faça em Lua Crescente ou Cheia, segunda ou terça-feira, em dia de Sol, e coloque em local bem alto.

Material necessário

um cesto de vime
7, 14 ou 21 pedaços de fitas finas, branca e azul
folhas e galhos de cajá
7 inhames
7 mavés (acaçás) vermelhos, feitos com fubá
7 acarajés fritos no óleo de dendê
7 búzios
7 chaves de ferro, novas
uma bandeira branca e uma azul

Como fazer:

Quando for entregar este presente leve 21 ovos e, antes de arriar o ebó, passe-os no corpo, quebrando-os a seguir, para tirar as negatividades. Procure colocar o presente um pouco mais afastado.

Enfeite as laterais do cesto com as fitas finas e forre o fundo com as folhas e os galhos de cajá. Asse os inhames em um braseiro, com casca, e abra-os horizontalmente. Coloque os inhames no cesto, com os mavés por cima e rodeie com os acarajés, os búzios, as chaves. Finque as duas bandeiras nos acaçás. Saia com o presente e leve para um local bem alto e coloque-o embaixo de uma árvore bem bonita. Faça as suas súplicas para Sorroquê com muita fé, pedindo prosperidade, crescimento, movimento para a sua vida etc. Se puder, leve um passarinho, passe pelo seu corpo, de baixo para cima, e solte-o, pedindo que ele leve seus pedidos para o orum.

14) Para atrair dinheiro, sucesso; pedir ajuda para uma causa financeira difícil

Material necessário

1 alguidar pintado de branco (*efum*)
1 inhame-do-norte grande
óleo de dendê
cebola
1 orobô, ralado
1 colher de pau, virgem
folhas de mamona ou de bananeira
1 peixe de água salgada, cru e lavado (não retire as escamas e as vísceras)
1 moeda
1 bandeira branca

Como fazer:

Cozinhe o inhame em pedaços e descascado. Após, amasse-o e leve ao fogo com um pouco de óleo de dendê, cebola e orobô ralados, e uma pitada de sal. Mexa bem, como se fosse um pirão, com a colher de pau. Forre o alguidar com as folhas bem lavadas e secas e despeje o pirão. Finque no centro a colher de pau. Ponha o peixe por cima, com a moeda na boca e a bandeira ao lado. Leve para um lugar rochoso, próximo ao mar ou rio, ou dentro de uma mata. Ao entregar, faça seus pedidos a Sorroquê.

15) Para harmonizar e dar equilíbrio à família, estruturar a casa

Material necessário:

1 alguidar médio, pintado de branco (*efum*)
9 maçãs verdes
2 copos de milho vermelho, catado e lavado
9 mavés (acaçás)
9 bandeiras brancas
2 copos de coco ralado

Como fazer:

Torre vagarosamente o milho vermelho, deixe esfriar e coloque no alguidar. Lave as maçãs, corte em quatro pedaços e arrume por cima do milho, enfeitando com os mavés. Cubra tudo com o coco ralado e finque as bandeirinhas nos mavés. Ponha um fio-de-conta de Mawu, se possível; vista roupa branca, e leve este presente para um local alto, limpo, em uma manhã de Sol, fazendo seus pedidos a Sorroquê, em nome de Mawu (procure fazer um resguardo sexual e de bebidas um dia antes).

16) Para combater a autopiedade, a baixa-estima, tirar o desânimo da sua vida

Material necessário

1 alguidar pintado de vermelho (*ossum* ou urucum)
9 ovos vermelhos, de galinha de quintal
1 pedaço de pano vermelho
9 pedras de rua, lavadas
canjica cozida
caldo de cana ou açúcar mascavo

Como fazer:

Faça este ebó em um local alto, perto de uma árvore.
    Passe o pano no seu corpo e coloque no alguidar. Ponha um ovo na mão direita e uma pedra na mão esquerda e vá passando pelo corpo, de cima para baixo. Coloque no alguidar e quebre o ovo com a pedra. Faça o mesmo com todos os ovos e todas as pedras. Ponha a canjica e regue com o caldo de cana ou então cubra com o açúcar mascavo, pedindo a Sorroquê que lhe dê força para lutar, que corte as forças negativas que prejudicam a sua vida etc.

CAPÍTULO 9
Banhos poderosos

As pessoas regidas por Sorroquê precisam cuidar-se constantemente, para amenizar e trazer calmaria aos efeitos truculentos que esse poderoso vodum pode provocar em sua vida.

Para isso nada é melhor que alguns banhos com folhas especiais. Na falta das folhas podem ser usadas essências, porque essas também são extraídas da natureza, porque a sua base tem origem nos óleos aromáticos que as folhas contêm.

Quando for usar folhas, deve-se dar preferência àquelas mais suaves e mais frias, que têm o poder de acalmar, de trazer relaxamento, mesmo quando usadas em conjunto com folhas consideradas mais quentes.

Se achar necessário, faça por um período (por exemplo, três dias seguidos), dê uma parada e verifique se o resultado está sendo aquele esperado. Após alguns dias, repita o procedimento. Lembre-se bem: nada é de imediato, tudo tem seu tempo. Só não pode desanimar e ficar sentado/a esperando milagres, procure ajudar-se para obter ajuda!

Banho para acalmar e ajudar pessoas com tendência a vícios

Macerar em dois litros de água algumas folhas de bilreiro juntamente com folhas de macaçá e folhas de colônia (ou lírio-de-oxalá). Deixe descansar por duas horas e coe.

Banho para abertura de caminhos, para prosperidade, para cortar olho-grande, inveja

Sete folhas de espada-de-são-jorge lavadas e cortadas em sete pedaços (ao todo 49 pedaços). Ponha numa panela com uns três litros de água, juntamente com algumas folhas de aroeira e de panaceia, e leve para ferver por aproximadamente cinco minutos. Retire e deixe esfriar. Acrescente folhas de macaçá maceradas e um pedaço de fava de baunilha. Deixe em infusão por uma hora e coe.

Banhos específicos para abrandar pessoas violentas; tirar revoltas; acalmar e cortar guerras, confusões, brigas; trazer tranquilidade e moderar a ira das pessoas

1) Macere em dois litros de água algumas folhas de macaçá juntamente com folhas de aroeira em um recipiente. Deixe por mais ou menos uma hora e depois coe (esta combinação poderosa abranda e acalma).

2) Muquie folhas de macaçá com colônia, numa bacia com uns três litros de água. Deixe descansar por umas duas horas e depois coe (este banho é muito bom para trazer paz e tranquilidade).

3) Cozinhe folhas de mangueira num recipiente com uns dois litros de água. Deixe esfriar e, após, misture com folhas de macaçá, sálvia e manjericão branco muquiadas. Coe (para defesa e proteção contra brigas, confusões).

4) Macere folhas de saião e erva-pombinha numa bacia, com dois litros de água. Deixe em infusão e depois coe.

5) Junte folhas de acocô, folhas de cajá e folhas de saião num balde com água e macere-as muito bem. Coe.

Para tirar revoltas, aliviar as mágoas, acalmar pessoas revoltadas

Cozinhe meio quilo de canjica. Retire toda a água grossa do cozimente, coloque num balde e misture com um litro de leite de vaca (ou de cabra) e um pouco de *efum* ralado. Acrescente um pouco de água e deixe esfriar. Coe.

Para pessoas perturbadas, desanimadas, sem perspectivas; para acalmá-las, trazer ânimo e ajudá-las na luta diária

Coloque folhas de abiu num recipiente com uns três litros de água e deixe ferver por um período de cinco minutos. Após esfriar acrescente folhas de peregum e de colônia maceradas, e meia fava de baunilha (ou 10 gotas de baunilha líquida). Coe.

CAPÍTULO 10
Defumadores

Defumar é a arte de perfumar residências, pessoas ou comércios através da queima de raízes, de ervas ou de elementos aromáticos. A defumação ajuda a modificar a energia dos ambientes, e tem como finalidade descarregar os locais e o corpo humano das más influências, trazendo assim maior equilíbrio e harmonia a todos, atraindo consequentemente boa sorte.

Quando os elementos vegetais entram em contato com o calor da brasa, liberam e exalam energia transformadora. Esta, ao espalhar-se pelos ambientes, serve para purificá-los e limpá-los. Ajuda a trazer prosperidade, positividade, saúde, paz e harmonia, de acordo com os elementos utilizados.

A fumaça dos defumadores tem a propriedade de subir, levando com ela todas as impurezas que nos cercam. Junto com a fumaça vão também os nossos pedidos e nossos lamentos às forças poderosas da natureza, que assim ajudam a expelir as negatividades, nos devolvendo então a positividade, quando o ar se torna uma fonte de energias poderosas.

Para este vodum existem inúmeros tipos de defumadores, assim como também atins e iyés especiais, mas seria bem difícil enumerarmos todos. E muitos pertencem ao segredo da religião. Por isso, estamos ensinando aqueles mais usuais e mais simples, que não trazem nenhm comprometimento.

Defumador 1 – Para purificar e atrair coisas boas, positivas.

Faça um braseiro em recipiente adequado e coloque por cima das brasas algumas folhas de aroeira, frescas; folhas de acocô, secas; um pouquinho de estrume de boi, seco; uma colher de sopa de açúcar mascavo e uma colher de noz-moscada ralada. Defume a casa toda, ou comércio, da porta para dentro, sempre com o pensamento positivo e pedindo somente coisas boas.

Defumador 2 – Para limpar o ambiente

Coloque em cima do braseiro uma colher de sopa de fava de aridã ralada; raiz de patchuli, seca; um pouco de estrume de elefante, seco; uma noz-moscada ralada; folhas de baunilha, secas (ou um pedaço de fava de baunilha); dandá-da-costa ralado e folhas de alecrim, secas. Defume toda a sua residência, ou seu comércio, de dentro para fora (este defumador é ideal para ser feito antes de se ofertar um presente para Sorroquê).

Defumador 3 – Para trazer tranquilidade, harmonia e paz

Coloque num recipiente, em cima das brasas, um pouco de raiz de sândalo, incenso, benjoim, dandá-da-costa ralado, pitchurim ralado, gergelim, folhas de pau-brasil, sementes de café, secas, raiz de capim-santo e erva-doce. Incense sua casa, seu terreiro, seu comércio, de fora para dentro, chamando paz, felicidade para seus caminhos.

Defumador 4 – Para atrair positividade, fartura, prosperidade, coisas boas!

Ponha em cima do carvão em brasa uma colher de sopa de açúcar mascavo, uma noz-moscada ralada, um pouquinho de camomila, fava de lelekum pilada, *ossum*, *wáji*, folhas de abiu, um pedacinho de bagaço de cana, seco e pilado. Defume da porta da rua para dentro da sua casa ou do seu comércio, sempre mentalizando e pedindo somente coisas positivas.

CAPÍTULO 11

Personalidade das pessoas regidas por Sorroquê

As pessoas que têm Sorroquê no seu caminho costumam ser muito corajosas, porém algumas abusam desta coragem. Estas demonstram, então, a partir daí, uma total irresponsabilidade com a sua vida e a dos outros, no que muitos traduzem como sendo bravura.

Gostam de participar de brigas, de confusões, mesmo que estas não tenham nada a ver com eles. Por serem companheiros fiéis e leais, às vezes tomam partido em favor dos amigos, saindo em defesa destes, sem pensar nas consequências. Em razão disso, podem tornar-se, com o tempo, obsessivos e possessivos com relação a estes amigos.

Geralmente são pessoas prepotentes, arrogantes, presunçosas e querem ser o "centro das atenções", chegando a ser irracionais e inoportunos nesse sentido. Ao sentir que não foram reconhecidos nos ambientes que frequentam, sua personalidade e seu comportamento transformar-se-ão e, às vezes, podem transformar a calmaria em uma turbulência sem igual, em segundos.

 Polêmicos, confusos, inconsequentes, rudes, impiedosos, muitos mostram-se grandiosos, mesmo sabendo que na verdade não o são, mas não demonstram tal reconhecimento.

Alguns, inclusive, demonstram ter má índole, chegando a maltratar pessoas que os amam e que se encontram muito próximas a eles. Esse tipo de comportamento muitas pessoas já trazem desde o nascimento, em outras é proveniente da má educação familiar recebida, ou do ambiente onde vivem.

Certas pessoas têm tendência a maus hábitos e são presas fáceis das más companhias e das más influências, e se entregam às drogas, bebidas e passam a viver à margem da Lei.

A vida sexual dessas pessoas é muito ativa, pois costumam ter uma atração excessiva pelo sexo. Essa parte da vida do ser humano para os regidos por Sorroquê é exacerbada, e eles não abrem mão desse estilo!

O seu contraponto, o seu lado positivo, é que agem às claras, pela frente, mostrando-se. Não costumam esconder-se quando fazem algo que desagrade. Enfrentam e sofrem as consequências de seus erros.

As pessoas regidas por Sorroquê quando cuidam e tratam da parte turbulenta que os acompanha são cavalheiros perfeitos e atenciosos. Lutam muito para atingir seus objetivos, são gananciosos, e têm grande tendência ao sucesso, à prosperidade

Todas essas tendências e comportamentos, que muitas vezes trazem consequências nefastas, podem ser neutralizadas se os sacerdotes do candomblé fizerem um acompanhamento constante dessas pessoas. E este será um tratamento espiritual muito longo. Sabemos que uma doença, por exemplo, não é curada da noite para o dia, o mesmo acontece também quando o assunto é religião, pois serão necessárias variadas liturgias para conseguir alcançar alguns objetivos.

Os sacerdotes mais antigos do candomblé quando não conseguiam identificar problemas mais gritantes, ou não sabiam como agir em determinadas situações apresentadas por Sorroquê, procuravam a ajuda dos babalaôs ou de pessoas mais esclarecidas e com maiores conhecimentos. Tudo para poder ajudar àqueles que os procuravam em situações que outras pessoas não tinham conseguido resolver.

CAPÍTULO 12

Personalidade das casas de candomblé que possuem o assentamento de Sorroquê

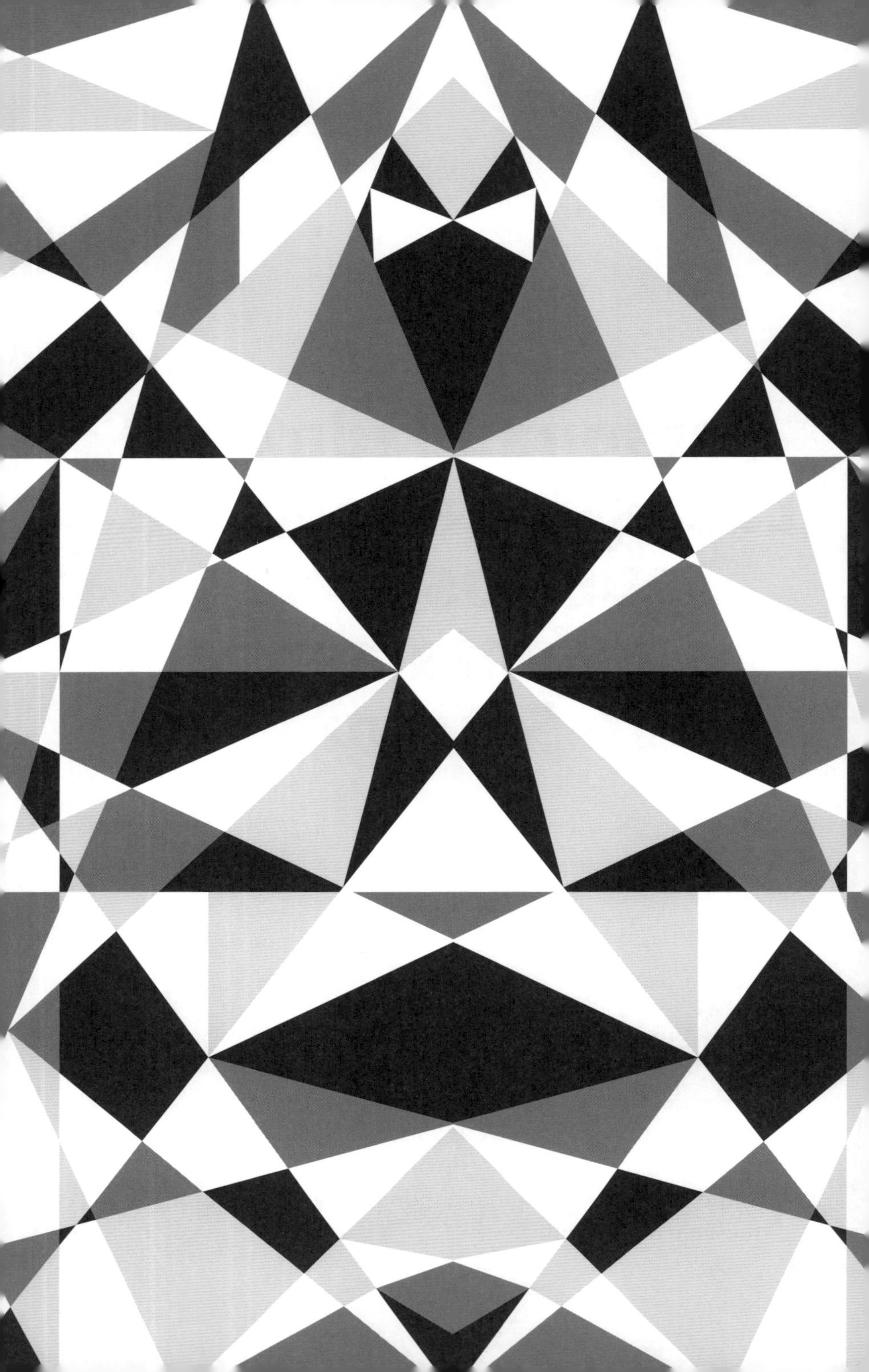

O assentamento de Sorroquê proporciona uma melhor estrutura para a casa de candomblé que o possui, pois sua confecção dá mais suporte e mais equilíbrio ao terreiro.

As instabilidades podem ocorrer, mas serão tratadas harmoniosamente, porque as pessoas estarão mais centradas e melhor preparadas. Os conflitos entre os membros da comunidade terão soluções mais rápidas.

Até ocorre uma melhor fluidez entre as divindades, porque Sorroquê tem uma grande ligação com todos os elementos da natureza, como a água, a terra, o fogo e o ar, que são comandados por variadas divindades.

Gu e Légba também ficam mais confortáveis, mais rijos, e este conjunto só irá reforçar a casa de candomblé. Poderoso guardião e amigo fiel, só exige sinceridade, obediência e ordem no terreiro

Justiceiro implacável, tem a seu favor o fato de ser também o "senhor da riqueza", do ouro e da prosperidade, podendo, desta forma, ajudar a todos da casa de candomblé que a ele recorrerem.

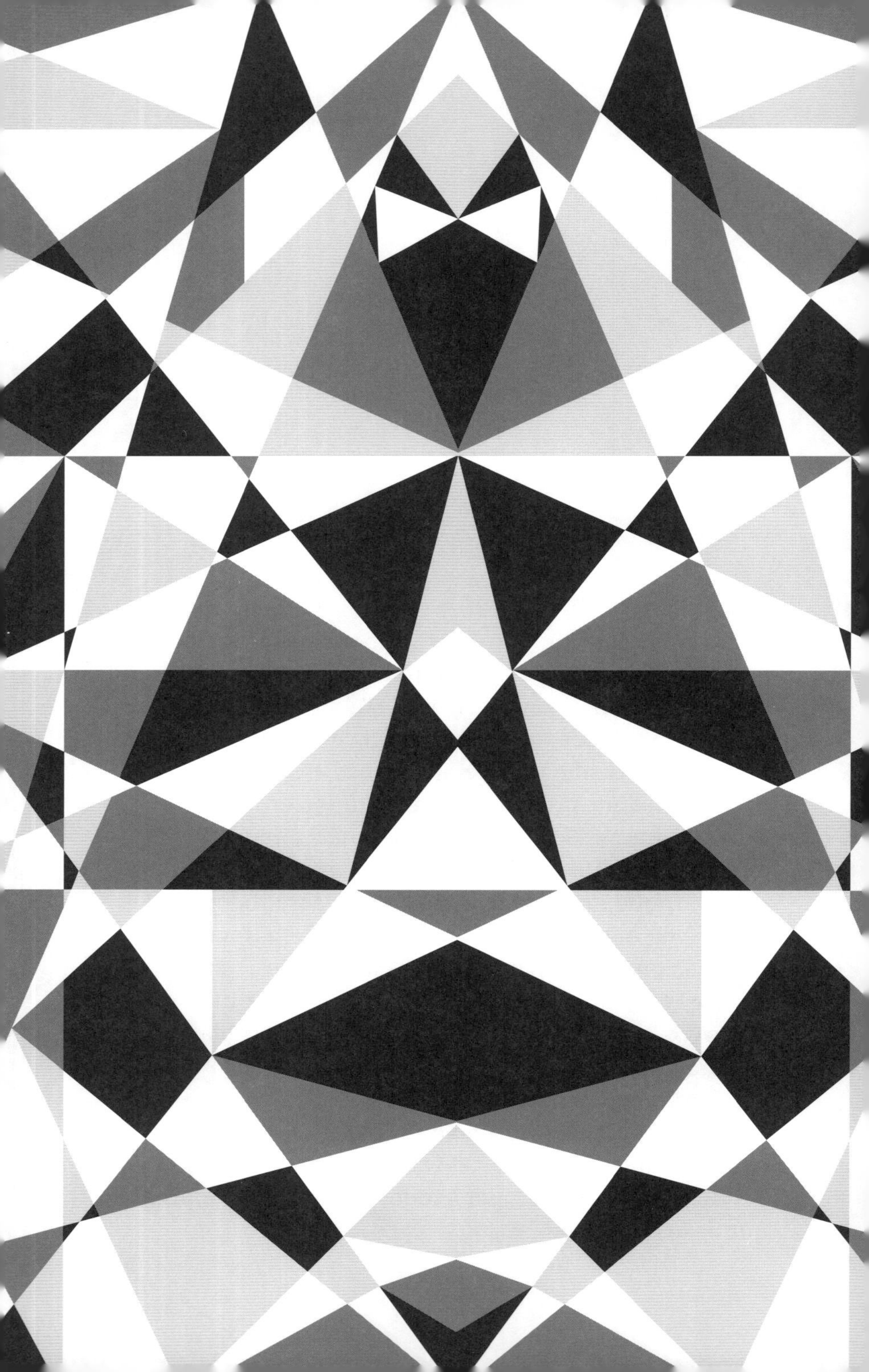

CAPÍTULO 13
Lendas

1) Sorroquê gostava de entrar nas matas para caçar e também para plantar e, posteriormente, colher seus frutos. Estava constantemente dentro das florestas, pois ali sentia-se bem. Gostava daquela vida reclusa e distanciada dos seres humanos. Andava léguas e léguas e só retornava à noite. Em uma destas andanças, ao retornar à sua aldeia pediu um pouco de vinho de palma. As pessoas não tinham a bebida para lhe ofertar. Isto irritou-o.

Transtornado e possesso, Sorroquê assustou a todos, pois começou a correr até o topo da montanha próxima a aldeia, tomado por uma ira que ninguém nunca vira. Por onde passava, galhos cortavam-lhe e o sangue escorria, cobrindo seu corpo.

Ao chegar ao topo, para refrescar seus ferimentos, cobriu-se com folhas tenras da palmeira, as folhas de mariô, que refrescaram seus ferimentos e assim o acalmaram.

2) Sorroquê gostava de guerrear e de conquistar. Por esse motivo, surgia repentinamente nas aldeias praticando atos violentos contra os moradores.

Estes, preocupados, procuraram a ajuda de um *oluô* (consultor do oráculo) para saber como acalmar Sorroquê. O olhador mandou que eles oferecessem um ebó (presente) a Sorroquê, constando de um cachorro, um *ixu* (inhame) assado na brasa e vinho de palma, a bebida de sua predileção.

O oluô ensinou-lhes que, primordialmente, o reverenciassem, recitando orikis, e que colocassem a cabeça no chão, em sinal de respeito. Que também cantassem belas cantigas, tocassem os atabaques em seu louvor, dançassem, para acalmá-lo e para pacificá-lo.

Assim fizeram os moradores quando Sorroquê adentrou na aldeia, orgulhoso e soberbo. Ao ver tanto respeito e humildade, ele acalmou-se, juntou-se ao povo e participou da festa.

E trouxe grande prosperidade para a aldeia e também para os seus moradores!

Glossário

Abará – deliciosa comida preparada com feijão fradinho pilado e temperado, muito apreciada por Obá, Xangô, Omolu, Oyá, Airá e outras divindades.
Abê (Agbe) – vodum feminino da família Heviossô, ligada às águas do mar.
Abotô – uma das mais velhas iyabás, da nação iorubá, pertencente ao grupo de Oxum.
Acará (acarajé) – bolinhos feitos com a massa de feijão fradinho pilado, preparado com variados condimentos e fritos no óleo de dendê, adquirindo linda cor dourada. É comida da preferência de Oyá, mas também ofertada a outras divindades, e muito apreciado pelas pessoas. (Para algumas divindades deve ser frito em azeite-de-oliva.)
Adonu/donu (iánlé/inhále, em iorubá) – comidas que são levadas ao fogo para cozinhar, ou que são preparadas manualmente e ofertadas para as divindades. Incluem-se aí também frutas, doces, favas etc.
Agrará (padê, em iorubá) – mistura de farinha de mandioca com outros elementos, produzindo uma farofa não muito seca e nem muito úmida.
Aizan – vodum feminino muito reverenciada e respeitada pelo povo Fon, ligada à cobertura, à proteção da terra.

Ajansu (Azonçu) – um dos voduns mais velhos da nação fon, pertencente à Família dos Kaviúnos.

Aladá – cidade localizada ao sul da atual República Popular do Benim (ex-Dahomé)

Alguidar – utensílio feito de barro, de variados usos no candomblé de qualquer nação.

Aluvaiá – divindade da nação bantu, que tem semelhanças com o Exu do povo iorubá.

Arrorrô – nome dado pelo povo Fon à folha do akokô.

Aruá ou aluá – tipo de bebida preparada para as divindades, com a fermentação de grãos e outros ingredientes, que é também muito apreciada pelas pessoas.

Atinçá – alguns tipos de árvores consagradas aos voduns.

Atorí – vara retirada de galhos de goiabeira, ipê branco e outras árvores, muito usada no igbá de Oxaguiã e também como defesa em determinadas festividades.

Axé – segundo o povo iorubá é a força mágica e sagrada, invisível, que transmite energia e poder propulsores para a natureza e para os homens.

Azan (mariwo, em iorubá) – folhas tenras dos dendezeiros que, após desfiadas são imprescindíveis nos terreiros de candomblé de qualquer nação.

Azan, zocré (enim, em iorubá) – esteira feita de palha, muito usada nas liturgias do candomblé.

Babá Egum – ancestral divinizado e poderoso da nação iorubá.

Babá Rowu – um tipo de Oxalufon, da nação iorubá, considerado o "senhor do algodoeiro" e do seu produto.

Babá Salé – um dos títulos de Obatalá.

Badé (Gbadé) – é um vodum dos raios, tido com o "senhor do trovão", considerado o mais jovens dos voduns do trovão. Pertence ao panteão dos Heviossôs/ Keviossôs.

Bantu/banto – nação que cultua os inquices, formada por populações de origem principalmente da África Oriental e Central, como Moçambique, Angola, Congo etc.

Bessém – vodum da transformação, da riqueza, cuja representação é uma cobra e também o arco-íris, originário do ex-Dahomé, atual Benim, e um vodum mahi por excelência (Dan).

glossário **131**

Dan – ver Bessém.
Divindade – qualidade da natureza divina e sagrada dos nossos orixás, voduns e inquices.
Doné – o correspondente à ialorixá, do povo iorubá. Na nação fon, o nome funcional da sacerdotisa varia de acordo com o seu vodum, porém, o mais usual é o de doné.
Ebó – palavra iorubá com o significado de sacrifício ritual, de presentear com oferendas e preceitos, permitindo e ajudando na movimentação do axé. Existem ebós para variadas situações.
Ecuru – bolinho preparado com massa de feijão fradinho pilado, enrolado em folha de bananeira, cozido no vapor. Muito apreciado por Omolu, Exu, Babá Egum e outras divindades.
Efã (Efon) – grupo pertencente à nação iorubá, oriundo da cidade de Ekití-Efon, que cultua os orixás.
Efum – Pó de cor branca (funfun), originário de um tipo de calcário triturado, muito utilizado em quase todos os rituais do candomblé, principalmente para Oxalá e Orixalá, e alguns tipos de orixás que se utilizam somente da cor branca.
Erinlé – orixá denominado de "o caçador de elefantes brancos", que não faz parte do grupo de Oxóssi, mas que pertence ao grupo dos odés, os caçadores. Mora nas profundezas (igbu) dos grandes rios.
Essim (òmí, em iorubá) – água doce, um dos elementos primordiais da natureza.
Exá – na linguagem fon é o mesmo que "Axé" do povo iorubá, com significado de força, energia.
Exu – orixá da mobilidade, do vigor, considerado o princípio dinâmico, transportador e organizador da existência.
Fon – povo originário do antigo Dahomé, atualmente denominado Benim, e a designação, no Brasil, de todos os praticantes do candomblé que cultua os voduns. Chamado também, pejorativamente, como jeje, pelas antigas guerras e inimizades com a nação iorubá.
Funfun – a cor branca.
Iewá – vodum feminina pertencente à Família Dambirá, relacionada à água, terra e ar.

Ijexá – nação iorubá, da região de Ilexá, que tem Oxum e Oxaguiã como uns dos seus principais orixás.

Iku – a morte, divindade masculina, do povo iorubá.

Inquices – divindades do povo bantu, com características e peculiaridades independentes dos orixás e dos voduns, embora tendo algumas semelhanças comportamentais.

Iorubá – nação que cultua os orixás, formada por populações de origem principalmente do sudeste da Nigéria, que tem como língua fundamental o iorubá. Dentre as principais cidades temos Ketu, Ekití, Ondô, Oyó, Ilexá etc.

Iroko – vodum que "mora" na árvore, pois está relacionado ao tempo, ao espaço amplo, à liberdade.

Itans – lendas, estórias, que ajudam a decifrar e a elucidar uma religião tão oralizada como o candomblé, trazendo assim mais e melhores entendimentos a todos.

Jó ou Ijó – vodum relacionado com os ventos e o ar. Uma doné muito conceituada no candomblé Fon, consagrada a este vodum, era a sra. Mejitó, do Axé Kpodabá.

Ketu – cidade localizada a leste do Benim.

Kitembo – também chamado de Tempo ou Catendê, é divindade do povo bantu.

Kwé (ou xwé) – casa, na nação Fon, dando denominação aos terreiros dessa nação.

Légba – vodum masculino, semelhante ao Exu dos iorubás.

Lissá – divindade masculina da criação, do povo Fon, que faz par com Mawu.

Mahi – povo do lado leste do ex-Dahomé, atual República Popular do Benim.

Mavé (acaçá, iorubá) – alimento preferido das divindades funfum (do branco), preparado com a canjica branca pilada/milho branco pilado. Esta comida só recebe o nome de mavé ou acaçá, e torna-se consagrada e sagrada, quando enrolada em folha de bananeira. Quando isso não acontece chama-se "ekó" e geralmente recebe outros ingredientes, como coco ralado e leite de coco, sendo então vendido em tabuleiros, cortado em pedaços, pelas "baianas do acarajé", nas ruas das cidades do Brasil.

glossário

Mawu – divindade feminina suprema da criação, do povo Fon, que comanda os voduns.

Mel (oyín, em iorubá) – utilizado em variadas liturgias por todas as nações do candomblé.

Mlã-mlã – vela, confeccionada com cera, parafina ou outras substâncias.

Nação – conjunto de populações ou de etnias que se compreendem pela mesma língua e se reconhecem através de um conjunto de preceitos religiosos comuns (esta descrição/explicação é relativa ao candomblé).

Nagô-vodum – também chamados de "jeje-nagô", é a nação que comanda os terreiros onde existe a união dos orixás com os voduns. É a interação dos iorubás com os fons.

Obí – um fruto africano sagrado, também chamado de noz-de-cola, usado geralmente para "conversar" com as divindades nos variados rituais. (*Cola acuminata* é seu nome científico.)

Odorrozam (Dohozan/Odohozan) – o correspondente ao xirê, dos iorubás, que identifica a ordem de entrada das divindades no salão de festas.

Odudua – orixá feminino conceitada pelos iorubás como a "grande mãe-natureza", a "criadora da existência".

Odus – signos muito complexos, que necessitam de saberes específicos, e que são a parte principal de um oráculo que existe desde os primórdios do candomblé.

Ogãs – huntó/runtó, na nação fon. Homens especiais, escolhidos pelas divindades para a realização de variadas funções dentro da casa de candomblé. Alguns são tocadores dos instrumentos sagrados (atabaques, gãs etc.), outros para as imolações dos animais etc.

Ogum – orixá ligado à agricultura, que também rege os metais, as guerras e as contendas. Conhecido como *asíwajú*, "o orixá que vem na frente", "aquele que abre os caminhos". Tem grandes semelhanças com o vodum Gu.

Ojá – tira de pano, estampada ou branca, geralmente enfeitada com renda, que serve para cobrir a cabeça, principalmente das mulheres. Serve também para enfeitar instrumentos, árvores, portais etc.

Oráculo – divindade que responde às consultas que o consulente lhe faz.

Orí – cabeça, para o povo iorubá.

Orixás – divindades da nação iorubá, representantes das forças da natureza e nossos protetores divinos.

Orobô – fruto africano sagrado, que tem o poder e a força da natureza, muito usado para o homem se comunicar com as divindades. Indispensável nos rituais para Xangô. (*Garcinia kola*, seu nome científico.)

Ossum – É um pó usado em vários rituais religiosos, de cor avermelhada, extraído de cascas vermelhas de certos troncos, de frutos ou de algumas flores específicas, muito usado nas funções religiosas do candomblé.

Oxalá – divindade suprema da nação iorubá, representante principal dos orixás que só usam branco, e propiciador da paz e da harmonia entre os seres humanos.

Palábo (igbá, em iorubá) – recipiente onde são colocados os elementos preferenciais dos voduns e particularizados de cada vodum.

Panteão – conjunto de divindades que possuem estilos, características e poderes diferenciados.

Pimenta-da-costa (takí, para os fons, e atarê, para o povo iorubá) – É um pequeno grão usado em quase todos os rituais do candomblé, em qualquer nação. Ao ser mastigado também dá força, proteção e defesa ao nosso corpo.

Possum – divindade fon, da família dos Kaviúnos, muito ligada à morte. Embora cultuada por esta nação, existem muito poucos esclarecimentos sobre este vodum, no Brasil.

Qualidade – diz-se das distinções existentes entre as divindades, como personalidade, comportamento, alimentos, cores etc., o que as individualiza.

Roximucumbi – inquice guerreiro e desbravador, muito assemelhado com o Ogum dos iorubás.

Savalu – povo formado em grande parte pela etnia mahi, da parte central do antigo Dahomé, denominado de savalunos.

Sapatá (Sakpatá) – pertence ao grupo dos voduns que controlam a fertilidade da terra e as doenças, da família savaluno. A principal divindade do Axé Poegí, mais conhecido como "Cacunda de Iayá", em Salvador, BA.
Sinvó (epô pupá, em iorubá) – azeite-de-dendê. Óleo muito usado em variadas funções dentro da religião.
Sirrum – cerimônia fúnebre, na nação fon. O correspondente ao axexê, dos iorubás.
Sobô (Sogbo) – vodum pertencente à família dos Heviossôs, dos raios e dos trovões.
Tá – cabeça, para o povo fon. A parte principal do corpo humano, a morada das nossas divindades.
Terreiros – local onde se realizam festas religiosas das nações do candomblé.
Vodum – divindades pertencentes ao povo da nação fon, geralmente reunidos em famílias, que estão direcionadas às forças da natureza e à realeza ancestral dessa nação. Possuem algumas semelhanças com os orixás e com os inquices, sendo, porém, totalmente dissociados uns dos outros, pois cada povo é proveniente de nações distintas.
Vodunci – pessoa que incorpora os voduns.
Wáji – índigo, a cor azul. Pó extraído de cascas ou de frutos de certos tipos de árvores. Usado em variadas funções no candomblé de qualquer nação.
Xambá – nação proveniente da Nigéria, que concentrou-se mais no Nordeste, principalmente no Recife.
Zandró – cerimônia geralmente realizada à noite e que antecede as festividades, na nação fon, com cânticos e rezas. Momento de louvação e de reverência aos voduns.
Zerim ou Zirim – ver Sirrum.

Informações, sugestões, críticas ou elogios
Odé Kileuy – (021) 2796-2046
Vera, de Oxaguiã – verabarros@openlink.com.br

Este livro foi impresso em outubro de 2012, na Gráfica Edelbra.
O papel de miolo é o offset 75g/m² e o de capa é o cartão 250g/m².